新装版

増補 自由学校の設計

きのくに子どもの村の生活と学習

きのくに子どもの村学園長
堀 真一郎 著

黎明書房

新装版へのまえがき

学校でいちばん楽しいのは何？

学校でいちばん楽しいこと
（1984 年，福井県と大阪市の小学校 4 〜 6 年生）

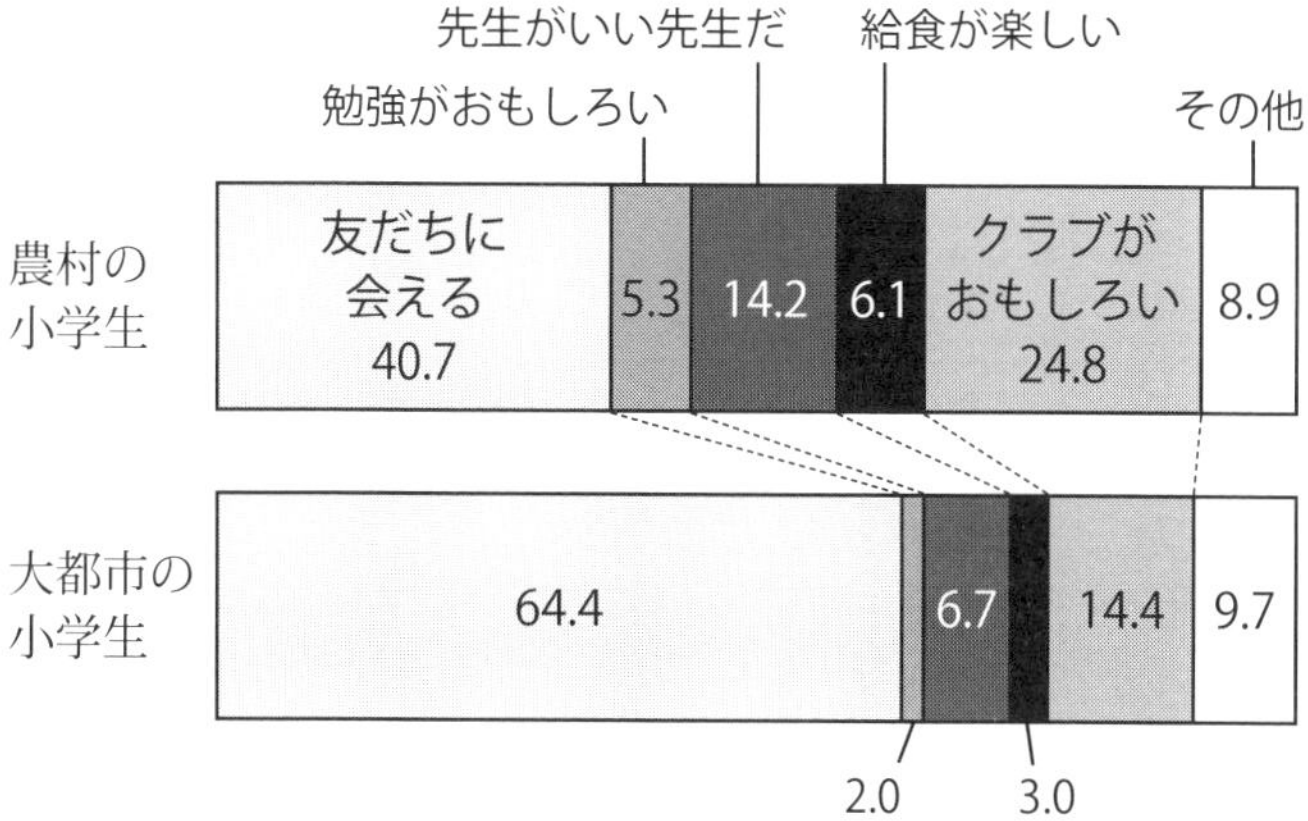

農村の小学校四〜六年生　五％
都会の小学校四〜六年生　二％

これは、今から三〇年余り前、私がまだ大阪市立大学に勤めていた頃に小学生を対象にしておこなった調査でわかった衝撃的な数字です。「学校でいちばん楽しいのは何ですか」という質問に「授業（勉強、学習）」という答えを選んだ子は、一クラスに一人いるかいないか、というのが現実の学校の姿だったのです。圧倒的に多いのは「友だちに会える」で、大都市では三分の二の子がこれを選んでいます。

しかし学校は、こんなことでいいでしょうか。学校は、子どもたちの「学習」こそが最も大切な使命としてつくられた施設のはずではなかったでしょうか。

新しいことが知りたい。できなかったことが、できるようになりたい。子どもたちは、だれでもそんな強い願いを持っているはずです。しかし、この調査の結果で見る限り、学校での学習はその願いに応えているとはいえない。むしろ我慢して耐えなくてはいけない苦しい労役になっているのではありませんか。

毎日が楽しい。

なんだか笑えてくる。

早く明日になってほしい。

子どもたちが毎日こんな思いを抱いて登校する。そんな学校、それも正規の私立学校を自分たちの子どものためにつくりたい。そう願う数人の親が集まって「新しい学校をつくる会」が生まれました。一九八四年の秋のことです。といっても、学校をつくるのは簡単なことではありません。資金確保、理念と実際面の練り上げ、行政とのやり取り、広報活動などなど、難題が山ほど待ちかまえていました。

この本は、私たちが、なぜこんな学校を、そしてどんなふうにしてつくりあげたかの記録です。その学校が、今はどうなっているかは、最後の「新装版へのあとがき」をごらんください。

二〇一八年十一月二六日

著　者

増補版まえがき

まず子どもを幸福にしよう。
すべてはそのあとにつづく。

ニイル（A. S. Neill, 1883-1973）のことばである。世界でもっとも自由な学校といわれるサマーヒル（Summerhill School）を創設した教育家だ。ニイルは、子どもたちの心の奥深くにある不安や自己否定感が、さまざまな問題行動の原因である、と見抜いた。子どもの無意識の深層で、自然な生きる力が、親や社会からの不適切できびしいしつけと葛藤を起こしている。子ども自身はこの葛藤に気づいていない。だから自分でもどうしてそのような行動をしてしまうのかわからない。やめようと思ってもやめられない。悪い子というより、不幸な子どもなのだ。この無意識の原因からの解放こそが、教師にとっていちばん大事な仕事だ。

では、内面に本人も気づかない問題を抱えた不幸な子どもは、どうしたら幸せになれるだろうか。説得、叱責、罰あるいは辱めなどによってではない。もちろん管理教育ではだめだ。親や教師や社会から押しつけられた古い権威主義の道徳から解放され、あたらしい生き方を見つけることこそが大切だ。この自由であたたかい共同生活の場が、サマーヒルという学園である。

きのくに子どもの村は、このサマーヒルから直接の影響を受けてスタートした私立学校である。といってもサマーヒルのコピーではない。ニイルの考え方を中心にして、それにデューイの体験学習の理論を統合した世にもめずらしい学校である。子どもたちはすこぶる元気で活動的だ。幸福なのだ。そしてたくましい。教師たち大人も、こういう子どもたちと共に生きる喜びを満喫している。子どもと同じように教師も幸福なのだ。もうひとつニイルのことばを紹介しよう。

もっともよい教師は、子どもと共に笑う。
もっともよくない教師は、子どもを笑う。

ところで本書が出たのは一九九七年である。一〇年以上も前なのだが、ベストセラーとまではいかなくても、息長く読まれ続けてきた。そしてこのたび韓国語に訳されたのを機に増補版が出ることになった。教育学専門の老舗出版社である黎明書房は、こういう息の長いよい本をたくさん出してこられた。詰め込みと権威主義管理に悩む日本の子どもの幸せのために、これからもずっとこの姿勢をつらぬいてほしい。

がんばれ、黎明書房！

二〇〇九年五月

堀　真一郎

まえがき

高校が決まるまで

私がきのくにの中学校を卒業した後のことについて考え始めたのは、ずいぶんと遅かった。それまで何も考えていなかったというわけではなかったけれど、気が付いた時にはもう一一月で、頭の筋がピンと張ってしまうくらい悩んだ。自分が何をしたいのかは、まだよくわからないし、普通の高校に通ってしまうのも、納得いかないところがあった。

誰かに教えてもらったのでは、自分の人生ではなくなってしまう。そんな気がしていたから、できるところまでは自分で考えてみたけれど、自分が考えたたくさんの意見は、なかなか一つにまとまらなくて、最後に堀さんに相談した頃には、頭のてっぺんを何かに突つかれている気分だった。

(野川真生《まお》、一五歳)

普通の中学校と違って、きのくに子どもの村では、いわゆる受験指導や進路指導はしない。むろん私たちは、求められれば情報は提供する。相談相手にもなる。しかし受験勉強をするように急き立てたり脅したりはしない。保護者への進路説明会も開かない。偏差値をもとにして生徒に志望校を勧めたりもしない。「頭の筋がピンと張ってしまうくらい」悩んで自分で進路を決め、そのための準備をしてもらいたいからだ。そして「ほとんどの子どもが、自分で決め自分でやっていく力を秘めている」と確信しているからだ。

きのくに子どもの村は、今のところ小学校と中学校が一つずつの小さな学園だ。ここには普通におこなわれているような受験指導がないだけではない。いろいろなものがない。整理してみると、

1　学年がない。クラスが完全な縦割り編成になっている。
2　時間割に普通の教科の名前がない。「プロジェクト」という名の体験学習が大半を占めている。
3　宿題がない。チャイムがない。試験がない。普通の通知簿もない。
4　「先生」と呼ばれる大人がいない。大人は「さん付け」やニックネームで呼ばれている。
5　大人の給料に差がない。年齢や職種を問わず常勤職員の基本給は同じである。
6　廊下がない。オープンプラン方式をとり入れた校舎だ。
7　学校と地域社会との壁がない。地域社会は格好の学習の場であり、地域の人々は有能な教師である。
8　堅苦しい儀式がない。入学式や卒業式がなくて、「入学を祝う会」や「もうサヨナラをいわなくてはいけないのかい」がある。
9　校長室がない。校長は職員室の片隅にほかの教師と机を並べている。
10　(そして最後に)お金もない……⁉

ここまで説明すると、たいていの人が尋ねる。

「じゃあ、いったい何があるのですか。」

私たちの答えはこうだ。

「楽しいことがいっぱいあります。」

学校は楽しくなければならない。楽しくなければ学校ではない。幸福な子どもは成長する。そして成長している子どもは幸福である。笑顔と歓声は、子どもの成長のしるしだ。きのくに子どもの村は、このように信じる教師と親が中心になってつくった学校である。

一〇年前には、こんな学校をつくりたいといっても、ほとんどの人が本気にしてくれなかった。そんな常識はずれな発想を文部省が認めるはずがないとか、設立資金が集まるまいとか、そんな所へ子どもを入れる親があろうと思えないとか、いろいろに批判されたり懸念されたりしたものだ。

しかし「きのくに」は五年前にとうとう産声をあげた。一学年一五名。小中合わせても、子どもはたった一三五人にすぎない。しかしこれでも、れっきとした私立学校なのだ。小学校をもうひとつと高等専修学校を併設する計画も進んでいる。「隠れ里の自由学校」と渾名されるちっぽけな学園なのに、見学にみえる人は少なくない。入学や転入学をしたいという問い合わせも跡を絶たない。

本書は、こんな学園の5WIH、とりわけ「なぜ」「どのように」をお話することを目的としている。つまり私たちが、従来の学校教育の問題点をどのようにとらえ、それを克服するための基本理念をどのように練り上げ、いかにして具体化しようと努めてきたかをお話するのが、この本のテーマである。新しい学校と教育を求める皆さんに、いくらかの励ましと多少のヒントを得ていただけたらと思う。併せて私たちへのご批判やご助言を寄せてくださるように願っている。

堀　真一郎

もくじ

2 喫茶店のある小学校 三五

水曜日(一一月一一日)

木曜日(一一月一二日)

I

きのくに子どもの村の一週間

―自由学校の毎日―

きのくに子どもの村学園。この長い名前の小学校と中学校は、和歌山県の東北の端、人口六万の橋本市の山の中にある。小中合わせて一四四名の子どもと三〇人の大人が暮らしている。子どもの大多数は寮で生活している。授業の大半は体験学習に当てられ、どのクラスも異年齢学級だ。宿題がない。テストもない。だから通知表もない。「先生」と呼ばれる大人もいない。大人はみんな〇〇さんと呼ばれたり、ニックネームで呼ばれたりしているからだ。「〇年〇組」はなくて、「工務店」や「ファーム」や「電子工作所」がある。校長はいるが校長室がない。そして校長は、ほかのどの教員よりもたくさんの授業をしている。

私は、この変わった小中学校の校長だ。私のある一週間の生活を振り返りながら、この学園の概要を紹介しよう。

1　壁のない学校

ほりさんは、つくえがきたなくて、紙がいっぱいのっている。
だから、きっとほりさんの家は、
ごみだめばみたいだろうなあ。（小林明徳、一〇歳）

＊月曜日（一二月九日）＊

1　子どもに笑われる

九時三〇分　きのくに子どもの村は、小学校も中学校も完全週五日制である。子どもたちの大半は近畿圏から来ている。この子らは、金曜日の夕方に帰宅して、週末の三日間を家族といっしょに過ごし、月曜の朝に家を出てきのくにに向かう。二時間以上かかる子も少なくない。滋賀県の大津市から来ている谷本くんなどは、三時間は見ておかないといけないという。そんなわけで「きのくに」は、月曜日は一一

図１　きのくに子どもの村学園小中学校時間割（1996年度）

KINOKUNI

曜	月				火				水				木				金			
小中	小	中			小	中			小	中			小	中			小	中		
時刻		1	2	3		1	2	3		1	2	3		1	2	3		1	2	3
9：10～9：55～10：40					自由選択	社会（地理）		英語	プロジェクト	プロジェクト			ことば	個別	国語	数学	かず	数学	体育（女）／体育（男）	
11：00～11：45～12：30	プロジェクト	個別学習		国語	自由選択	自由選択	英語	社会（公民）	プロジェクト	プロジェクト			プロジェクト	国語	数学	理科	自由選択	体育	英語／数学	数学／英語
1：30～2：15	プロジェクト	プロジェクト			ことば	数学	個別		プロジェクト	プロジェクト			かず	英語	個別		プロジェクト	理科	自由選択	
2：15～3：00						英語	理科	社会（地理）					全校集会（学年集会）							
3：00～3：45～3：55																	3：20　帰宅（1便） 4：00　帰宅（2便）			
6：30	夕	食			夕	食			夕	食			夕	食			（夕	食）		
9：30	消　灯				消　灯				消　灯				消　灯				消　灯			
10：30	消　灯				消　灯				消　灯				消　灯				消　灯			
11：00		消　灯				消　灯				消　灯				消　灯				消　灯		

時に始まるという珍しい学校なのだ。もうすぐその一一時になる。私は、大急ぎで職員室の机の上を片付け始める。書類や教材や玩具が、ワープロの上にまで山積みになっている。子どもたちに見付かったら大ごとだ。

「ちょっと、ほりさん。いつになったら片付けるの？」

「ほんとにだらしないんだから。」

「校長がこんなことでは、わたしら、よその人に恥ずかしい。」

この学校には校長室がない。だから私は職員室の片隅に机を置いているのだが、どんなに整頓しても二日とはもたない。子どもたちは、それを面白がってバカにする。だいぶあちこちで吹聴しているらしい。

やがて玄関のあたりから子どもの声が聞こえ始める。駅まで子どもたちを迎えに降りて行ったバスが到着したのだ。私はあせる。食堂をどやどやと走って来る音もする。もう間に合わない。

「ただいま！」

元気な何人かの子が、どかどかと職員室へ飛び込んで来る。

「おはよう、元気だった？」

大人が声をかける。子どもたちの声がはずむ。

「もーちろん。あのな、土曜日にな、デパートへ行ってんで。新しいゲームを買ってもらった。」

「風邪ひいて寝ていたんや。」

「〇〇ちゃんの家へ泊まりに行った。」

金野摩耶ちゃんが入ってきて、隣の丸山さんに抱かれる。そして案の定、

「ほりさん、相変わらずやなあ。その机、なんとかならんの？」

ほかの子が調子を合わせて、

「一週間の始まりがそんなんでは、あとはどうなるんやろ。」

私もやり返す。

「うるさいな。仕事をたくさんする人の机は、だれでもこうなるんだよ。ほら、もう一一時だ。打ち合わせが始まるぞ。」

2　変わったクラス編成

一一時〇〇分　子どもたちは、にやにやしながら職員室を出て行く。私もそのあとに続く。手ぶらだ。教科書も何も持たない。私の行く部屋は、小さな多目的ホールの左隅にあって、「きのくに子どもの村工務店」という張り紙がしてある。入り口の戸の上には"WELCOME TO KOMUTEN"。これが私たちの教室だ。

部屋には、もう子どもたちが待っていて、にぎやかにおしゃべりに興じている。二〇畳くらいの部屋が二つ続いていて、左の方に年長の子が一三人、三つのテーブルを囲んでいる。普通の学年でいえば五年生六人、六年生も六人、そしてなんと中学二年の女の子が一人混じっている。右手の部屋には小さい子、つまり一年から三年の子が一六人だ。合計二九名。きのくにでいちばんの大所帯である。大人は丸

山裕子さんと私の二人だ。今日は休んでいる子は一人もいない。
私たちの学校は無学年制である。小学校の子は、一九九七年一月現在で一〇四人だ。これが五つのクラスに分かれ、それぞれにユニークな名前で呼ばれている。「プロジェクト」という体験学習（週一四時間）が活動の中心になっていて、そのテーマがクラスの名前になっているからだ。そして学級やクラスのことを、ここでは「プロジェクト」と呼ぶのである。男女二人ずつの大人が担任をつとめる。どこに入るかは一人ひとりの子が四月に選択する。プロジェクトの名前と主な活動は次の通りだ。
きのくに子どもの村工務店（略称・工務店）……木工、園芸、建設工事
きのくにファーム（同じくファーム）……米づくり、養鶏
うまいものをつくる会（うまいもん）……料理
けんこう家族（けんこう）……スポーツ、ミュージカル、栄養問題
たんけんくらぶ（たんけん）……探検、織り物
中学校も「プロジェクト」の時間が週に一〇時間あって、やはり異年齢学級になっている。ただし担任は一人だ。
きのくに旅行社（旅行社）……世界の料理、文通
きのくに出版社（出版社）……調査、出版、写真
電子工作所（電工）……コンピューター、機械工作
わらじ組……園芸、料理、木工、環境問題
最後の「わらじ組」には担任がいない。その理由については、別に紹介しよう。

きのくに子どもの村は、変わった学校だ。違った学年の子どもが、一つのクラスで生活している。年齢と学年の壁がない。教科の枠を超え、体験を中心にして学んでいる。教科の壁がない。そして子どもと大人が、友だちのようなことばで会話を交わしている。先生と生徒の壁がないのだ。

3　博物館を建てる

一一時一〇分　丸山さんからの連絡が終わるとミーティングが始まる。今週のプロジェクトの活動計画を立てるのだ。どこのクラスもだいたい同じである。「自分のことは自分で、自分たちのことは自分たちで」がモットーだから、大人は、気長に子どもたちの話し合いに付き合う。時には一二時半の昼食の時間に食い込むこともある。議長は年長の子の中から出ることが多い。この日はミーティングが早く片付いて、一一時三〇分に活動が始まる。月曜は一一時に学校が始まって、三時までの四時限すべてがプロジェクト活動である。今日の仕事は、博物館の屋根の仕上げ、花壇の柵つくり、露天風呂の掃除、教室の外の掃除である。

博物館というのは、教室の外に建築中の小さな平屋建てだ。広さはわずか五畳。六月から工事が始まって、今では屋根のてっぺん部分の手入れだけになっている。このあとは、今週の木曜日のオープンまでに、名前と入場料を決めるミーティングを開き、展示品の用意をしなくてはいけない。この日、屋根に登ったのは低学年の六人だ。もちろん女の子も入っている。桧の皮をいちばん上に当てて、三センチ角の木材を打ち付けて止めていく。小さな建物だが、屋根から落ちれば怪我をする。小さな擦り傷ではすまない。みんな慎重に位置と姿勢を確かめ、しかし大胆にかなづちを振るう。

露天風呂の掃除に回った子は、脱衣場の床を掃いたり、洗い場や湯船を磨いたりする。これは、去年の工務店の大仕事の一つとして建てられたものだ。屋根は茅葺きである。これも手づくり。茅は、私の郷里の福井までマイクロバスで取りに行った。あまり上手にできたとはいえないが、なかなか風情が出てきた。

花壇の手入れをする子どもたちは、チューリップの球根を植えたり、柵をつくったり、ごみを燃やしたりしている。工務店の庭は、広さが七〇平方メートルほどだ。教室から見て向こうの半分は、斜面になって下がっている。そこにさまざまな花がところせましと植えられている。プランターも二〇鉢はあるだろう。しかも手前には幅一メートル、長さ三メートルの和風の池がある。これも子どもたちの手づくりだ。かつて子どもたちは、和風の池にするか洋風にするかをめぐって、大論争を繰り広げたものだ。京都まで出かけて池のつくりを見て回ったこともある。この池には、カメが一匹すみついている。真ん中には大きなクジラが泳いでいる。このクジラは、スイッチを入れると潮を噴く（！）。

工務店の庭でいちばん目に付くのは喫茶店だ。二年前に学校から一〇〇万円借りて建てたもので、毎週木曜日に開店している。テレビなどで紹介されたためか、見学にみえる人たちがお客さんで来てくださる。店員はいうまでもなく子どもたちだ。簡単な飲み物とカレーしか出ないが、評判はまあまあ悪くない。借金の完済も間近である。

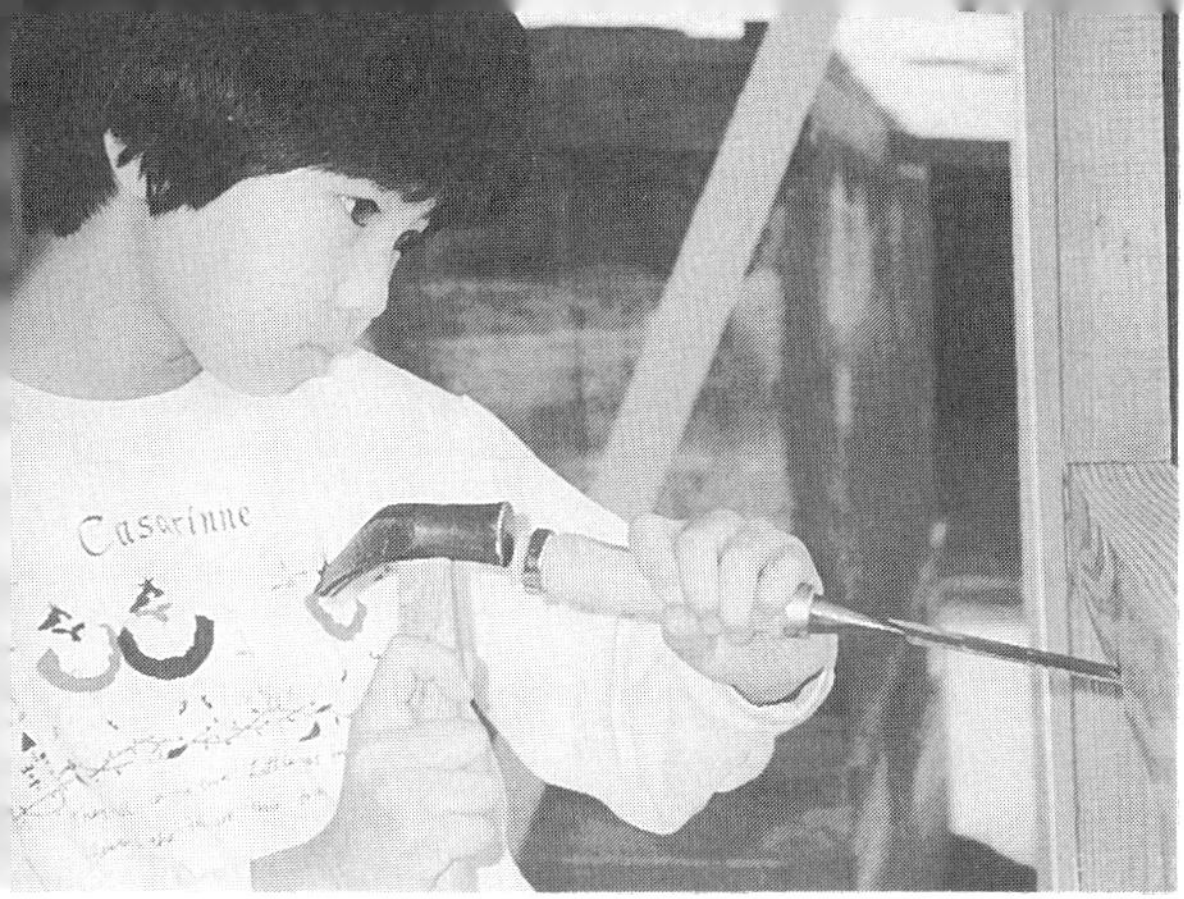

プロジェクト：博物館を建てる

屋根工事▲

▼基礎工事のためのブロックを運ぶ

4　にぎやかな食事風景

一二時三〇分　ひるごはんの時間だ。食堂では長い列ができる。バイキング方式なのだ。大きい子も小さい子も混じって二列に並ぶ。大人も同じだ。今日のメニューは、おでんと味噌汁と果物である。食事をつくってくれるのは「喜八さん」といって、六〇代半ばのおじさんとその奥さんだ。下の町にある自分の厨房で調理して、みずから車で運び上げてくれる。たいていは和食または和風の食事である。なにしろ喜八さんは、いくつもの大きなホテルの料理長をつとめた人である。三年前には、後継者をたくさん育てたというので、宮沢元総理大臣から感謝状をもらった。大物なのだ。もちろん味はとても評判がよい。

子どもたちは、それぞれに料理を取って、好きなテーブルで、好きな人と、好きなだけおしゃべりを楽しみながら食べる。きのくにの食事、それは社交の場なのだ。私は、沢田遊季《ゆうり》ちゃんと同じテーブルにすわる。ほんの一週間前に東京から転入してきたばかりの一年生だ。見ると、ごはんだけしか取っていない。

「あれ、ゆうりちゃん。おかずはいらないの？」

「うん、いいの。あたし、ごはんが好きだから。」

入ってきて間もない子に時々見られることだ。関西風のおでんに少々とまどったのかもしれない。あるいはホームシックのせいかもしれない。先週は月曜から水曜まで三日間きのくにの寮に泊まって、木曜はお母さんのところに帰った。無理をすることはない。ぼちぼち慣れてくれればよい。新しい環境に緊張したり不安を感じたりするのは、だれだって当たり前なのだ。さて、そのうち遊季ちゃんは箸を止めてしまった。何か考えている様子である。それから突然ニコッとしていったものだ。

「あたし、この学校、気に入っちゃった！　お替わりしてこようっと！」

この日、遊季ちゃんは、大きなゴボウ天を三つもお替わりした。食事の途中で「ほりさん、電話」と連絡が入る。職員室にもどって受話器を取る。中学三年の野川真生《まお》ちゃんからだ。

「あ、堀さん。うまくいきました。……ありがとう。」

東京の文化学院という高等専修学校の合格発表があったのだ。大正時代に創設され、多くのユニークな人材を育んだ学園である。

5　ラジオの収録に出かける

午後の活動は一時三〇分に始まる。午前中の仕事の続きをする。三〇分ほどで博物館の屋根の作業が終わる。子どもたちはクラスのミーティングに入り、私はＮＨＫの和歌山放送局に出かける。ラジオ番組の収録だ。下の橋本市の市街地まで山道を八キロ、そこから和歌山市の中心までは約五〇キロだ。私の愛車は三菱のパジェロ。八年目の車だが、距離計は二六万キロを指している。走行距離の年平均は三万二〇〇〇キロ以上だ。一九九一年から九二年にかけて、つまり開校の直前の一年には、四万五〇〇〇キロ走ったものだ。大学教授の仕事と学校開設の準備とでくたくたになっていた頃である。もっとも忙しさは今もあまり変わらない。それはともかく、三菱のパジェロは頑丈で、しかもおしゃれな車だ。それに学校づくりの苦労を共にした車である。当分のあいだ買い替えるつもりはない。

ＮＨＫに着くと、宮崎浩輔さんが出迎えてくれる。笑顔の素敵な若いアナウンサーである。二月のテレビ放送以来だから一〇カ月ぶりだ。あの時は、工務店の喫茶店を実況で紹介してもらった。今度は、「ラジオ深夜便」の中の「二一世紀へのバトン」という特集番組だという。二一世紀に向けて新しい試みを実践している人とのインタビューで構成される。その一つとして、きのくにの学校について、そして、これからの教育の在り方について話をさせてもらう。アナウンス室長の仲山さんによると、今回の特集では、全国の支局から五十数本の企画が東京のＮＨＫに届き、その中から五本だけ選ばれたのだそうだ。その五本の中に宮崎さんの提案が通り、しかもいちばん最初に放送されるのだという。小さな学校のささやかな試みが、こうして多くの人の耳に入るのはとても嬉しい。

収録は、簡単な打ち合わせの後、五時半から一時間あまり続いた。宮崎さんの上手な問いかけに応じて、気持ちよくしゃべらせてもらった。私がいちばんいいたかったのは、次の二つだ。つまり、

(1)　教育も学校も変わらねばならないし、変わることができる。

(2)　そして現代の子どもたちの心の奥深くから、自分を卑下したり憎んだりする気持ちを取り去り、

　生きる喜びを存分に味わえるような学校にしなくてはいけない。

実際の放送では、編集して四〇分位の長さになるらしい。たぶんこの部分はカットされないだろう。二四日の午前一時から放送の予定だ。

放送局を出てから学園へ電話を入れる。特別な連絡はないという返事だ。何人かの大人が食事中との

こと。特別講師の滝内君が珍しいウイスキーを持って来て、おおいに盛り上がっているらしい。滝内君というのは、私の京都大学時代の同級生で、今は大阪経済大学の教授をつとめている。今年は自分の研究も兼ねて、週に一回、中学校の社会を教えに来てくれている。月曜の晩は学園に泊まる。多趣味多芸の人で、なんでもできるタイプだが、アルコールの方にも目がない。毎週かならず変わった酒を持って来て、みんなとおしゃべりを楽しむ。電話に出た丸山さんが「ご一緒にいかがですか？」というが、和歌山から学園までは二時間はかかる。あきらめるよりほかはない。月曜日はまた来週もやって来る。

＊火曜日（一二月一〇日）＊

6　ヒッチハイカー

八時四五分　着替えをしていると窓の外で男の子の声がする。

「ほりさーん、車に乗せてってぇ。」

寮から降りてきた中村幸彦、坂本了介の二人だ。「車、開いてるよー。乗っといてぇ」と、答えて急いで準備をする。玄関を出ると二人はもう車の座席に乗っている。幸彦くんの笑顔がいい。私は、学校の校舎と寮との中間点からちょっと入ったところに住んでいる。小さな家だ。ときどき子どもたちが登校前にやって来る。車に乗りたいという時もあれば、ちょっとお茶を飲ませろという子もある。寮から学校まではおよそ三〇〇メートルの下り坂だ。歩いて五分、走れば三分しかかからない。それでも車に乗せてもらうのは嬉しいらしい。毎朝のように何人かの子が親指を立てて待っている。

この日の朝はかなり冷え込んだ。車の窓が霜で真っ白に凍り付いている。私は、鍋に水を汲んで来てガラスにぶっかける。二人の子の座席の窓にも思いっきりかける。中の二人が身をのけ反らせてキャーキャー笑う。その様子がとても可愛いので、もう一杯汲んで来て、同じことを繰り返す。おかげで九時の職員の打ち合わせに遅れそうになる。

7　校長が週31時間の授業

九時一〇分　朝の打ち合わせが終わると、担任の大人は、それぞれのプロジェクト（つまりクラス）へ行く。欠席の子の確認をしたり、その日の連絡事項を伝えたり、子どもたちからの訴えや提案がないか確かめたりするためだ。
この日、つまり火曜日は、小学校では午前中ずっと「チョイス」という活動になっている。正式には「自由選択」というのだが、子どもたちは、英訳の「フリー・チョイス」を短くしてチョイスといっている。その方がカッコいいらしい。これは主として図工、音楽、体育に関連した活動で構成されている。チョイスの時間はクラスが解体され、子どもたちは学期単位で好きな活動を選択する。もっとも「音楽」はあるが「図工」や「体育」はない。図工に当たるのは「おもちゃづくり」「アトリエ」「手芸」「理科工作」である。体育は「野球」「サッカー」「ジャズダンス」「ピンポン」などだ。「バードウォッチング」「英会話」「おやつづくり」といった変わったものもある。「なおちゃんダンス」というヘンな名前のダンスもある。これは、大学でダンスを専攻した橋本さんの考案した「おもしろダンス」である。遊びとミュージカルとダンスが混ぜこぜになったものらしい。

授業は、ほとんどが一コマ九〇分だ。チョイスは週に三コマある。そのうちの二コマが火曜日の午前に組まれている。私は、小学校のチョイスの時は中学校へ行く。英語を教えるためだ。まず一コマ目は三年生。しかし三年生は教科書の範囲はすでに終わっているので、全員が出席するとは限らない。今のところ、高校の受験を意識した問題集をする子がいちばん多い。ほかに英語の絵本やサッカーの本を訳している子、自分でドリルをする子、担任と話し合って寮で自習している子などがある。もっとも、何をするかは前もって私と話し合っておく。この日は、かつてのフォーク歌手のジョーン・バエズの「朝日の当たる家」(The Rising Sun)が教材である。この中に現在完了、関係代名詞、仮定法などのおもしろい表現がたっぷり含まれているからだ。

二〇分間の休憩の後は二年生の英語である。題材は形容詞の比較級と最上級。ただし教材は教科書ではない。教科書の中身を再編成した手づくりの文型練習プリントだ。文法を覚えるのでなくて、基本文型を使う練習を大事にしている。このほうが要領よく早く進むことができる。あまった時間には、外国の自然や人々の生活を紹介するビデオ教材を見たり、海外からのお客さんの話を聞いたりする。この日は、最後の二五分を「世界の秘境を行く」というビデオに当てた。たいていの子が興味を持って画面に見入る。海外のことに関心の深い子が多いのだ。インドで植林のボランティアをしてきた子もある。ビデオの間に私はちょっとだけ職員室にもどる。何人かの大人が残っている。この時間にチョイスの担当のない人たちだ。お茶を飲んでいる人もある。よせばいいのに、思わず愚痴をもらしてしまった。

「ああ、いいなあ、空き時間のある人は。」
私には、月曜の一一時から金曜の三時まで、空き時間というものが一時間もない。一日七時間の日もあるから、週に三一時間もの授業を持っているわけだ。日本でいちばんたくさんの授業をしている校長。これが、私の自慢でもあり、嘆きのタネでもある。しかし、だれも同情してくれない。

それはともかく、英語の授業の間に、私は和歌山県から送られてきたエイズに関するリーフレットを配って、ついでにセックスについてもひとこと触れておく。

「エイズは気をつけさえすれば怖い病気ではない。むやみに恐れたり、発病した人を差別したりしてはいけない。また世の中には女性をモノや奴隷として扱う本やビデオが氾濫している。……男の子は、そういうのに毒されないようにしてほしい。……男の子も女の子も、やがてお互いに優しさに満ちた素敵なセックスをするようにしてください。」

8 もっと英語をしよう!

一三時三〇分 三コマ目は、小学校は基礎学習の「ことば」の時間だ。工務店では、基礎学習の時は私が年少の子の面倒を見て、丸山さんが年長の子の指導をする。しかし、たまたまこの日は、電気工事のおじさんが来てくれた。完成間近の博物館の中にライトを付けるためだ。さっそく予定変更。年少グループの中で希望する子は、その工事の様子を見学することになる。原稿を書きたいという子もあって、その子らは教室に残る。原稿とは、クラスの雑誌「四季・工務店」に載せるためのものだ。ワープロで打つ子も四、五人ある。

一四時一五分、私は、事務室から応援に来てくれる「カズちゃん」こと川本壱依《かずよ》さんと交替して、ふたたび中学校に出かける。今度は一年生の英語の授業だ。一五時四五分までの長丁場である。まずビデオを見てから文型練習に入る。今日から一般動詞の疑問文と否定文の練習だ。一区切りついたところで時計を見る。まだ一五分ほど残っている。「じゃあ、さっきのビデオの続きを見ようか。」すると川口香ちゃんが大声で叫ぶ。

「いやや、英語しよう!」

ほかの女の子が同調する。

「そやそや。そんなん見てたら英検に間に合わへんで。」

彼女たちは英検、つまり実用英語検定に燃えている。一月になれば待望の受験ができるのだ。きのくには定員がたったの四五名という日本一小さい私立中学校なのだが、自分の学校で受験できるようになっている。香ちゃんの姉の真里子ちゃんが「受けたい」といって来たのがそもそもの始まりだ。もちろん受ける受けないは自由だが、これまでにかなりの子が受験した。成績は悪くない(九六年の二学期現在、中学校三年生の一三名のうち、3級合格が二人、3級の一次試験まで通っているのが二人、4級は三人、5級が二人で、あとの子は受験していない)。

9　音痴の先生が合唱団の指導

一五時四五分　ようやく一日七時限の授業が終わる。職員室でコーヒーをすすりながら「おやつ」を食べる。「えっ」と思われるかも知れないが、きのくにでは毎日、授業が終わるとおやつが出る。小学生だけではない。中学生も大人も同じだ。子どもにとっても大人にとっても、心の和むひとときである。おやつの時間には、ほとんどの子がひときわやさしくなるのだ。

そこへ例の「わらじ組」の合唱団の子が数人、どやどやとやって来る。英語の発音のチェックをしてくれというのだ。私は音楽は好きだが、うたうのはからきしダメだ。だから「ほりさん、うたってみて」といわれないように気を配りながら、「th」や「f」の発音を直していく。冷や汗が出る。

その後は、いくつかの書類の記入をしたり、調べものをしたりするのに二時間ほどかかる。校長としての仕事だ。さらに学園の新聞、つまり「きのくに子どもの村通信」の一面を仕上げると、時計はもう八時を回っている。丸山さんと明日以降のことで打ち合わせをしてから、橋本の町まで降りて買い物をする。明日の午前中に、「わらじ組」の女の子らがケーキを焼くというので、その材料を探すためだ。夕食はそのあとになる。

10　みんな同じ給料

この日はボーナスが支給された。きのくにでは、基本給は原則として全員が同じ額だ。教員も寮母も、学園長も新卒の職員も一律に二二万円である。同一給料方式は、学校をつくった「新しい学校をつくる会」が発足した時からの鉄の掟である。子ども一人ひとりがかけがえのない存在であるのと同じように、大人も職種や経験を超えて、それぞれが精一杯の貢献をしよう、という発想から生まれた制度だ。もっとも扶養家族と交通費は別だから、手取り額は人によって違う。この日の私のボーナスの手取りは、専任職員の中では真ん中ぐらいの額である。

月額二二万円というのは、若い人には悪くない額だが、年配の人にはきびしい。しかし若い人にとっても同じようにきびしい。なぜなら、普通の職場であれば、若い人は「私たちはまだ若いし、経験がないから……」といういいわけもできるだろうが、ここではそういうわけにはいかない。新卒の人でも、ベテランと同じ仕事が期待されているのだ。これはつらい。それだけではない。一〇年か二〇年たって、相当の年齢になっても、その時の新米職員と同じ給料なのだ。だから若い職員は十分に心得ていなくてはいけない。歴史は繰り返すのだ。

プロジェクト：喫茶店を建てる

柱のホゾ切り作業▲

仕上げも間近▼

▼自分たちで建てた喫茶店で見学のお客さんにサービス

2　喫茶店のある小学校

ふつうの学校に行った子の話。さいしょに「どんな学校?」ってきいたら、「毎日、じかんもじこくもきまっているし、べんきょうばっかりやから、あんまりよくない」っていっていた。むこうから「きみの学校、どんな学校?」ってきかれて、「毎日、プロジェクトとか木工とか、あそんだりとか、ふつうの学校よりも、じかんとか、べんきょうとかも、おもしろくやっているので、とってもおもしろい学校」とこたえた。(西原司、七歳)

＊水曜日(一二月一一日)＊

1　きのくにとマスコミ

九時〇〇分　いつものように朝の打ち合わせ。まず子どもにかんする情報から。通学の子で「休む」という電話の入った子が一人、風邪気味なので寮で様子を見るという子が二人ある。今日は新聞の取材が入っている。見えたのは読売新聞福井支局の木下さん。二〇代半ばの女性記者だ。きのくにの分校をつくる話が、私の郷里の福井県勝山市で持ち上がっているのだ。

テレビ、新聞そして雑誌などの取材は相変わらず多い。マスコミで取り上げられるのを警戒する人もあるかもしれない。確かに面白半分に報道したり、何かあれば勝ち誇っていい加減なことを書くところもある。十分に警戒しなくてはいけない。しかし私は、できるだけ協力するようにしている。もちろん、たんに「名前が知られるから」という理由のためではない。

今日の学校教育は、さまざまな問題を抱えている。日々の実践に熱心に、そして誠実に取り組んでおられる人も少なくない。また、あちこちで新しいシステムの模索も試みられている。しかし登校拒否やいじめは、依然としてふえ続けている。それは、学校の基本的な在り方が変わっていないからだ。あるいは新しい発想でつくられた学校がほとんどないからだ。私たちは、こうした現状に一石を投じたいという願いを込めて、この学園を設立する準備を始めた。もちろん開校までの数年間の苦労は大変なものだった。「喉もと過ぎれば熱さを忘れる」というのは確かに事実だが、同じ苦労をもう一度するのはたまらない。それはさておき、私たちは九二年の開校前後から数え切れないほどの取材を受けた。そして報道されるたびに大きな反響があった。紀州の山の中のちっぽけな学園だが、それなりに大事な社会的役割を担っているのだ。新しいタイプの学校をつくろうとする人たちにとって、この学園の試みが、何がしかのヒントと励ましになればと思う。

2　ミーティング、ミーティング、またミーティング

九時一〇分　今日は小学校は六時間、中学校は七時間。どちらも一日中ずっとプロジェクト活動の日である。職員室の隣のわらじ組の部屋をのぞいてから工務店に入る。わらじ組には通常の担任がいない。毎朝、連絡係が私のところへメモを取りに来るのだが、この朝は遅れたので、私の方から持って行く。最近はわらじ組の子もなかなか調子がよい。木工、料理、資料整理、原稿書きなどに精を出している。三年生の中には受験勉強をしている者もある。

工務店では、さっそくミーティングが始まる。今日の午前中は、博物館の名前や入場料を決めることになっていた。議長は六年の堀多佳志くん、つまり私の次男である。開校の時に工務店に入ってから、五年間ずっと住みついている貴重な存在だ。最初の議題は博物館の名前である。時間をかけてじっくり考え、最後はそれぞれが紙に書いて提案する。

「ほりさーん、博物館って、英語でどういうの？」

「ミュージアムだよ。」

「じゃあ〝ザ・きのくに・ミュージアム〟にしよう。」

などと頭をひねって出てきた名前が二四。カタカナの名前が半分近くを占める。「ザ・ミュージアム」という壮大なイメージのものもあれば、「赤い屋根の小さなミュージアム」という可愛いものもある。子どもたちは英語が大好きなのだ。それぞれについて質問が飛び出す。

「〝ボン・ザ・ボン〟って、どういう意味？」

「あまり気にせんといて。深く考えたらあかん。」

などと無責任なやり取りもある。

「〝ビルディング・カンパニー・ミュージアム〟って何や。」

「工務店を英語でいうと〝ビルディング・カンパニー〟なんや。」

小さい子が手を挙げる。

「〝きのくにれきし館〟のレキシってなあに。」

「昔のことっていう意味や。」

と年長の子。そうしたやり取りが続いてから、いくつに絞るかの議論が始まる。挙手で一〇個に絞り込むことになる。次は何回手を挙げるかでまた多数決。けっきょく一人五回ずつ手を挙げて、残った一〇個の中から、また三回ずつ手を挙げて五つに減らし、そしてまた三つに絞って、最後に勝ち残ったのが「きのくにおもしろ博物館」。まずまず妥当な名前である。


次は入場料。下は「タダ」から、上は「一万円」まで飛び出して、またまた時間をかけて絞り込んで、最後に決まったのは「大人一〇〇円、子ども五〇円」。ここまでくるのに二時間はかかっている。しかし問題はまだ残っている。きのくにの人からも入場料をもらうかどうかだ。またまた議論が入り乱れて、議長にも収拾がつかなくなる。こんな時に大人は、錯綜した議論をわかりやすく整理するための質問を上手にさしはさむ。「今までに出た意見というのは、大きく分けると〇〇と……の二つといっていいのかな」といった具合だ。けっきょく、きのくにの小学生と中学生は無料、大人は一〇〇円払ってもらうことに決まる。さらに開館は見学日の木曜だけとし、その日は、クラスの雑誌や自分たちの作品を売る店も出すことになって、ようやく博物館関係のミーティングは終わる。

話し合いは、これで終わりではない。議長も交替して、さらに三〇分あまり、博物館のオープンを祝うパーティの飲み物とケーキについて話し合って、終わったのは一二時四〇分、昼食時間に一〇分ほど食い込んでいた。自由学校というのは、子どもがいろいろなことを決める学校だ。だから話し合いが多くなる。つまり自由学校とは、ミーティングの多い学校なのである。

3　ルービック・キューブの名人

一二時五五分　昼食が終わって職員室でコーヒーをすする。何人かの女の子が寄ってくる。

「ほりさん、キューブ貸してぇ。」

「私が思いっきりくずすから、五分で全面クリヤーして見せて!」

「わたし、一面だけできるようになったで。えらいでしょ。」

わいわいいいながら、それぞれにルービック・キューブをいじくっている。私のところにはキューブが五個もある。そして六面とも揃えられるのは私だけなのだ。子どもたちがくずした五個のキューブを、全部また元通りに揃える。これが、一日の終わりの私の大切な仕事の一つになっている。

「ねえ、ほりさん。私に六面クリヤーの方法を教えてぇ。」

「ほりさんだって、一年半かかってやっとみつけたんだぞ。あんたらの頭では無理無理。」

「んもぉ。意地悪屋やなあ。」

一一歳の瀧野麻衣亜《まいあ》ちゃんのお母さんから聞いた話だが、この子は自分の家でキューブをいじくりながら、こんな独り言をいっていたそうだ。

「おばあちゃんがいっていた。人より飛び抜けてできることのある人は、やがて人の上に立つって。堀さんは、キューブがうまいから学園長になったんだわ、きっと。」

さて、子どもたちとそんなやり取りをしていると、中学三年の児島健くんがやってくる。英文のサッカーの本を訳している子だ。根っからのサッカー少年で、ゆくゆくは体育の先生になりたいといっている。児島くんの相手をしているうちに昼休みが終わってしまう。

4　博物館オープンの準備

一三時三〇分　明日はいよいよ博物館のオープン。みんなで手分けして最後の準備に忙しい。以前のミーティングで、最初の展示のテーマは「工務店のあゆみ」と決まっている。五年間の写真とクラス雑誌を並べるのだ。雑誌は、今は「四季・工務店」だが、去年までの四年間は「マンスリー工務店」という名前だった。これまでに四〇冊ほど出ている。ほかのクラスもみな雑誌を作っていて、いろいろな活動をまとめる大事なはたらきをしている。活動全体を車輪にたとえると、雑誌はその軸のような存在なのだ。

写真を引き受けた子どもたちは、年度ごとに数点ずつ選び出す。それをカラーコピーで拡大してパネルに仕上げる。写真を選ぶ子と合板を切る子に分かれる。しかしコピー機の調子がよくない。明日までかかりそうだ。ポスターを描いている子もある。博物館の中を掃除しているグループもあって、その中心は金野哲哉くん、一一歳だ。やかましい小さな男の子らを上手に指揮している。年齢の違う子らが、能力と好みに合わせていろいろな仕事に分かれて従事する。これが、きのくにのプロジェクトの本来の姿である。

5　取材に答える

一六時三〇分　工務店では、おやつの後も丸山さんや何人かの子が博物館を開く支度をしている。私は職員室へ向かう。読売新聞の木下さんの取材を受ける約束があるからだ。木下さんの質問は、学校の概要、設立の動機、理想の子ども像、職員の資質、現代の学校教育の問題点、勝山市での分校設立計画など多岐にわたり、最後は来春（九七年三月）に初めて中学校から巣立つ子ども、つまり中学校三年生の進路に及んだ。最後の質問に対する私の答えの大要は次の通りだ。

「私たちは中学生と保護者に対して、この学校では通常の進路指導はしない」と宣言している。普通の学校では、教師が学力の偏差値を基準にして子どもの進路を決めることが多い。きのくにでは「自分のことは自分で、自分たちのことは自分たちで決める」というのが大事なモットーになっている。私たちは、進路にかんする情報は収拾して提供する。しかし決めるのは子ども自身でなくてはいけない。進路こそは、自分で決めなくてはいけないいちばん大切なことだ。どんなに苦しくても、うんと悩んで決めて欲しい。

今年の三年生の選択の幅はとても広い。外国の高校へ行く子、国際化教育で定評のある高等専修学校へ行く子、声優養成学校を志望する子、織物の勉強をするために定時制の単位制高校をさがす子などだ。もちろん普通の高校をめざす子もある。彼らは、環境問題のクラブ活動がしたいからとか、農業機械が好きだからとか、サッカーに打ち込みたいから、とかいった理由で志望校を決める。まず、したいことや学びたいことがあって、それから進路選びをする。偏差値だけで決められてしまうのとは、だいぶ違っている。

取材が終わったのは六時すぎだ。木下さんのきのくにの印象はこうだ。

「ほかの学校の中学生とくらべると、みんなずいぶん大人だと思いました。いい意味で成熟している感じです。」

この後、いつもの雑用をすませ、五個のキューブを全面そろえると、今夜も隣の五條市まで買い物に降りる。またまたケーキの材料を買うためだ。明日の午後、子どもたちは博物館のオープンを祝うパーティを開くのだ。買い物が終わったのが九時半。遅い夕食をすませて宿舎に帰りついた時には、もう十一時を過ぎていた。

木曜日（一一月一一日）

6 寮生活とホームシック

八時四〇分 寮へ顔を出す。寮は、学校から三〇〇メートルくらい離れた狭い稜線に六棟が並んでいる。いちばん北側にあって、ひときわ大きいのが通称「村の家」で、学校が開校する四年前に建てられたものだ。四つの部屋に年少の子が二〇人あまり暮らしている。その次は「センター」。最年少の子の部屋が三つと食堂や風呂がある。続いてA棟、B棟、C棟で、それぞれ三つずつ部屋があって、だいたい年齢順に入っている。最後の「D棟」はいちばん新しくて、入っているのは最年長の子である。

各部屋の定員は六－八人だ。ベッドは二段のつくり付けで、子どもたちは、それぞれにカーテンを吊るして「自分だけの空間」も確保している。どの部屋も同じだ。「村の家」から「C棟」までは一人ずつ寮母がいる。しかし「D棟」には寮母がいない。最後の年は自主管理でいこうという趣旨である。もっとも千葉から教師として単身赴任している大内さんの部屋がある。まったく大人がいないというわけではない。

寮にかんしては、見学の人や講演を聴いてくれた人からしょっちゅう出される疑問がある。

「小学校の子でも寮生活は大丈夫でしょうか。親元から離れて暮らしても問題ないでしょうか。」

大丈夫である。ほとんど問題はない。ただし「親の方に問題がなければ」という前提が必要だ。子どもを放すことへの不安にとらわれていたり、子どもへの支配欲が強かったりすると、子どものほうが寮生活への適応に時間がかかることが多いからだ。いつも親から心理的に囲い込まれているので、その囲いがはずれると、かえって不安定になるのである。こういう子は、ホームシックが長く続くし、いつまでも寮母にすがることになりかねない。私たちの経験からいえば、そもそも「小さい子に寮生活は大丈夫か」と心配すること自体が、親自身の心理的な問題の現れであることが少なくない。

ホームシックにはどの子もかかる。かかって当たり前だといってよい。まったく新しい環境で、それまで顔も見たことのない人たちと暮らすのだ。不安にならないほうがおかしい。問題は、ホームシックの有無ではない。それが素直に表現されるか否かだ。つまり「さびしい」といってポロポロ涙を流しても、何週間かするとケロッとする子もあれば、さびしさをこらえ続けたり、泣いてはいけないと我慢したりして、それが別の形で現れる子もある。一般的にいえば、年少の子の方が素直にホームシックにかかり、あっさり克服していく。また親が内心において子どもを深く受容していれば、ホームシックはこじれない。しかし、どんなに美辞麗句を尽くして「おまえを愛している」というメッセージを送っても、子どもは親の無意識の不安や疑いを肌で感じとっているものだ。そして最後にもう一つ。おおまかにいえば通学の子よりも、寮にいる子の方が人間関係での成長は早い。

この日も子どもたちは元気に朝食をすませ、学校へ降りる準備をすませていた。風邪を引いている子もほとんどない。そして例によって、

「ほりさーん、車で来たの？　乗せてってえ」

というわけで一〇人近くの子が私のパジェロに乗り込んで来る。こういう時、どんなに満員になってもだれも文句をいわない。ケンカにもならない。

きのくにの寮：山の上に 6 棟が並ぶ▶

◀クジラの噴水が潮を噴く池

NHK 取材班を逆取材▶

7　博物館オープン準備の追い込み

九時一〇分　基礎学習の「ことば」の時間である。普通の日なら、原稿を書いたり、調べものをしたり、漢字のプリント（もちろん手づくり）をしたり、ワープロを打ったりする。しかし今日は、まだ博物館オープンの準備ができていない。プロジェクトの時間に振り替えて、それぞれの仕事を再開する。まず写真パネルの仕上げだ。調子の悪いカラーコピー機をだましだまし使って、なんとか二〇枚ほどのパネルができ上がる。工務店に長くいる子は懐かしそうに見入ったり、「昔はなあ……」と自慢したりしている。ポスターを貼りに行く子もある。色紙細工で教室を飾る子も多い。何人かの子は食堂でケーキを焼いている。放課後の完成記念パーティで食べるのだ。

一一時ちょうど。おおよその準備が終わり、見学者にも見てもらう。たいていの人は、この建物が大工さんの助けなしに建てられたとは信じられない様子だ。質問を受けて自慢気な顔で説明している年少の子もある。

「あのねえ、こんなふうにペケの木を入れると、ものすごく丈夫になるんだよ。」

「筋交《すじか》い」の説明をしているのだ。喫茶店では、すでに何人かのお客さんがカレーを注文し、コーヒーをすすっている。そして、店員の子どもにいつもの決まり切った質問をする。

「何年生？」

「学校、たのしい？」

「寮でさびしくない？」

店員の子どもは、いつもの決まり切った答えで応じる。

「普通の学校でいえば五年生。」

「たのしい。」

「さびしくない。すぐなれる。」

8　ごみ捨てるべからず

一四時一五分　週一回の全校集会が開かれる。文字通り全校の子どもが小学校の真ん中のホール（多目的スペース）に集まる。大人もほとんどやって来る。議長は玄朋史《げんともふみ》くん一三歳。ミーティングの進行のうまさでは定評がある。書記は臼井摩耶《まや》ちゃん一五歳。議論のなりゆきをていねいに記録し、議長が立ち往生すると、さり気なくアドバイスもする。

議題はごみの問題だ。「おやつを食べたあとの袋などを散らかす人が多い。なんとかならぬか」と、理事長の「喜田じい」が顔を真っ赤にして怒ったのが四週間前だ。喜田じいは、もうすぐ喜寿を迎える。ごみにかんしてはなかなかうるさい。そして素直に腹を立てて文句をいう。

先週までの議論の結果では、もう一週間だけ様子を見て、あまりひどかったらおやつをなくそう、ということになっていた。喜田じいの報告では、今週は「だいぶまし」なのだそうだ。いろいろな意見や疑問が出る。

「校舎の中だけではなくて、マイクロバスにも落ちていた。」

「橋本駅で、きのくにの子が落としたごみを、ほかの人が拾っていた。恥ずかしかった。」

「ごみの出ないおやつはないだろうか。」

「ごみ委員会をつくってはどうか。」

「ごみを捨てている人を見付けたら注意しよう。」

最後の提案に対しては、さまざまな意見や疑問が出された。

「注意しようと思っても、相手が大きい子や強い人だったらどうしたらいいの？」

「その時は大人にいおう。」

「大人がみんな会議をしていたらどうする？」

「会議が終わってからでいい。」

「大きい子は、小さい子から注意されてもゴメンといおう」などなど。

四〇分かかって出た結論は次の通りだ。

「ごみを捨てたり落としたりしている人を見付けたら注意する。それでも拾わなかったら、次のミーティングに出して話し合う。」

せっかちに良い結果を求める人にとっては、この決定は物足りないかもしれない。そんなことで効果が現れるのかと、まだるっこく感じるだろう。しかし大切なのは、大人が結論を押し付けたり、罰則をつくったりすることではない。子どもたちが、ごみ問題についてより深く意識するようになることだ。この問題は次週以降も続くだろう。自由な学校における話し合いは、時間をかけるところに値打ちがあるのだ。

もう一つ出ていた議題についての討論は、次週まで伸ばすことになり、最後は玄くんが次の議長を指名して散会となる。このミーティングでは、大人も真剣に参加し発言する。こういう時の大人のいちばん大事な役割は、大人たちは話し合いをとても大切にしているということを態度や発言で示すことだ。第二は、錯綜した議論の整理に役立つ質問や発言をして、議長の子を助けることである。この日の大人たちは、なかなか上手にこの役割を果たした。

9　自由学校とはよく食べる学校

一五時一五分　全校集会のあとは待望の博物館完成記念パーティだ。色紙細工で飾られた教室で、手づくりのケーキを切る。ケーキ係の子が午前中に焼いておいたものだ。焼き上がったのは、チーズケーキ、ショートケーキ、アップルパイ、チョコレート・ケーキ、そして紅茶ケーキの五種類、計九個である。こういう時に丸山さんはなかなか抜け目がない。それぞれを八個に切って、子ども二九人と大人三人に二個ずつ、それも第一希望と第二希望のケーキを一つずつ配って、あまったのは事務室の何人の人に分けて……と、さり気なく、あるいは巧妙に子どもらに考えさせるのだ。生理的に数学とは相性の悪い私は、こういう場合はほかのことで忙しい振りをする。
それにしても、この学校ではよく料理をする。「うまいものをつくる会」はいうに及ばず、どのクラスでも、何のかのと理由をつけて食べ物をつくる。隣の「ファーム」のクラスは、今年は「米づくり」

をテーマにしているが、子どもたちのいちばんのねらいは、自分たちで育てた餅米でいろいろな餅やまんじゅうをつくって食べることだ。「けんこう家族」でも「けんこうクッキー」だのなんだのと、妙な名前の料理を楽しんでいる。中学校の「旅行社」も今年のメインの活動の一つが、世界の料理をつくることになっている。

人類の遺産としての科学は「生きる」こと、それも「より長く、より幸福に生きる」ことを目的として発達してきた。そして料理は、人間が生きていく上でいちばん大切な営みだ。だから、子どもたちの学習のもっとも基本的なものを、とても豊かに含んでいる。つまり食生活は、住生活や衣生活と並んで、いや、それ以上に体験学習のテーマとしてふさわしい。多様な学習への展開の可能性を最も多く秘めている。こんなわけで自由学校とは、体験から学ぶ学校であり、体験から学ぶ学校とは料理の多い学校である。

3　山里の小さな学園だけれど

今年で工務店は二年目だ。今年度は昨年度より、みじかかったような、長かったような、変な感じのする小学生最後の年だった。畑でキュウリや豆を育てたりしたし、温泉の仕上げもやった。はくぶつかんも、そのベランダもつくった。大きな工事をしているときは、しんどくて、やめてしまいたくなったこともあるけれど、できた時はすごく嬉しい。中学校のプロジェクトに行ったら、動物関係や自然関係のことをしたい。（今井礼夢《らいむ》、一二歳）

＊金曜日（一二月一三日）＊

1　高校受験について

一〇時四〇分　一コマ目の基礎学習の「数」が終わったところで、ＮＨＫの和歌山放送局から電話が入る。今度はテレビの取材の申し入れだ。新年早々に、きのくにで最初の中学三年生の様子を紹介したいという話だ。私たちは、小学校も中学校も体験学習を中心にすえ、しかも一人ひとりの子が自発的に学ぶというシステムで運営している。このやり方に賛成する人にとっても批判する人にとっても、卒業生の進路は気になるところだ。

「読売」の木下さんも見抜いたように、きのくにの中学生は普通の学校の子どもよりもずっと大人だ。いわゆる受験学力、つまり「教科書の内容の記憶量」という尺度で計るなら、「よそより高い」とはいえないかもしれない。しかし学ぶことへの好奇心や学び方では負けていない。しかも普通の標準の学力でも、低いということはない。だから、私たちはそんなに気にしていない。それはともかく取材の申し入れは受けることにした。来週の火曜と水曜に来てもらうことになる。これで今年は六回目のテレビ取材になる。

そういえば、この日は脇田依奈《えな》、高原義之の二人が大阪ＹＭＣＡ国際専門学校の高等課程の試験を受けた。国際化教育を目玉にしたユニークな高等専修学校である。受験科目は英語と国語（小論文）そして面接だ。もちろん大学受験資格も取れる。私自身の長男もお世話になった学校である。昨日の脇田依奈ちゃんとの会話。

「こら、依奈。すべって帰ってきたら承知しないぞ。」

「だいじょうぶ、だいじょうぶ。心配しないで。私は、学科でダメでも面接でがんばるから。」

それにしても現在の高校入試は、なんとかならないものだろうか。私がいちばん問題だと思うのは、ほとんどの高校がいわゆる主要教科すべてを受験科目に指定し、しかも内申書でそのほかの教科の成績について報告を求めていることだ。きのくにで自由に学んだ子どもの中には、そんな試験でも平気な子もあるけれど、すでに興味が分化し、やりたいことがかなりはっきりしている子もある。後者の子にとって、すべての教科にわたってまんべんなく、つまり広く浅く準備するのはなかなかつらい。

例えば浜口太一くんは、英語と音楽が好きで、仲間とバンドを組んでいる。ドラムの腕は相当のものだ。将来は世界に目を向け、音楽関係の方面に進みたいという。しかし普通の高校に進もうと思えば、どうしても気の進まない理科などの勉強もしなくてはいけない。若いうちはいろいろなことに触れておいた方がよいという人も多い。それはそうかもしれない。入学後の学習の機会も、できるだけ多種多様で豊富なのがよい。しかしだからといって、それらすべてにわたって、あらかじめ入学試験という手段によって強制してよいという理屈はない。全教科の準備を強要する現在の高校入試制度は、大変な浪費だといってよい。

最近の大学入試は、昔とはずいぶん変わってきている。まず受験科目が限定されるようになってきた。国公立大学でも、私立大学並みとはいかないまでも、少ない教科で受験できるようになっている。センターテストも全教科を受けなくてよいところがふえているのだ。一芸に秀でた人の入学の門も広くなり、小論文や面接も重視されるようになっている。要するに大学入試は、分化・専門化の方向へ進んでいる。高校入試だけが時代遅れなのだ。

浜口くんは、高原くんと同じＹＭＣＡの国際学校を受験する。織物を専門的に勉強したい二宮綾希子《あきこ》ちゃんは、通信制と定時制のある単位制高校を選んだ。私たちの中学校では、世界の動きに興味の強い子が多い。中学校ができた時、私たちは、子どもにも保護者にも「高校をつくる予定はない。それぞれに好きな道に進んで欲しい」といったものだ。しかし、この頃は少し違ったことも考えている。きのくににも、国際的な視野と力を育てる高等専修学校もあってもいいのではないか。そうすれば、中学生たちは、今よりもっと大胆に好きな勉強に打ち込めるはずだ。

2　サマーヒルからのお客様

一一時〇〇分　中学二年の英語の授業である。しかし今日は特別のお客様が東京から見えている。サマーヒル・スクールの生徒だった原田雪路さんだ。寮で同室だったテッサさんとその娘のメイニーちゃんが来日したので、「日本式サマーヒル」を見に来てくれたのである。サマーヒルというのは、ニイル（A. S. Neill, 1883–1973）によって一九二一年に創立されたイギリスの自由学校だ。自分自身の生き方をする自由をモットーに掲げ、大胆な実践で広く知られている。

- 授業はあるが、出る出ないは完全に子どもの意思に任せられる。
- 校則の改廃やもめごとの処理は、全校集会で決められる。この集会には、大人と子どもが対等の一票を持って参加する。
- 教師は子どもからファーストネームで呼ばれる。
- 教科学習よりも工作や美術など芸術活動が重視される。
- 職員の間にも上下関係がなく、全員が同一給料である。

こういう特色を持つ学校だ。「世界でいちばん自由な学校」とも呼ばれている。きのくにには、このサマーヒルから最も強く触発されてできた学校だ。私が初めてニイルを知ったのは一九六四年、まだ大学三年の時だ。この時の驚きと感動は今も忘れられない。私の心をいちばん深くゆさぶったのは、「サマーヒルの大人は子どもの側に立っている」という発見である。それまでの経験では、どんなに献身的な教師であっても、子どもとは利害を異にする存在だ、という印象を拭い去ることができなかった。いやむしろ献身的な教師が、誠実に仕事をすればするほど、子どもは教師の思惑にはめられてしまうのではないか、と感じられたのだ。私は、日記に「いつか日本にこんな学校をつくりたい」と記したのをはっきりと覚えている。それからは卒業論文も修士論文も学位論文もニイルをテーマにした。晩年のニイルにも会うことができた。彼の自伝を訳したり、ニイル研究会をつくったりもした。しかし私の仕事は、基本的にデスクワークであった。学校づくりの夢が紀州の山里で実現したのは、ニイルを知ってから二八年後のことだ。ニイルはすでに二〇年前に亡くなっていたが、イナ夫人はことのほか喜んでくれた。

「とうとうあなたの学校ができたんだね。この国にサマーヒルがあるのも、あなたの国にあなたの学校があるのも、どちらもすごく大事なことなんだよ。私はとっても嬉しい。ニイルもきっと喜んだと思うよ。」

夫人は私の手をしっかりと握って、ひとことひとことかみしめるようにいった。九三年の秋にサマーヒルを訪れた時のことである。

話をもとにもどそう。原田雪路さんは一九七四年にサマーヒルに入り、一〇歳から一二歳までの二年間をそこで過ごした。日本人としては四番目の生徒だ。その頃の体験は、私の編集した『こんな学校もある』（文化書房博文社）に詳しく述べられている。私は、この日の英語の授業は、雪路さんとテッサさんと、きのくにの中学生との懇談に振り替えることにした。振り替えるというよりも、これも私の英語の授業の一環なのだ。中学生たちは二人の短い体験談を聞いた後、いろいろな質問をした。雪路さんはこんなことばで最後をしめくくった。

「サマーヒルもきのくにも特別な学校です。だから普通の世間に出たら、きっといろいろな違いに気付いたり戸惑ったりすると思うわ。でも、その違いとか戸惑いとかをすごく大事にしてね。」

素晴らしいことばだ。きのくにについての二人の感想は次の通りだ。

「子どもたちがとても生き生きしている。そしてどの子も、サマーヒルの子よりも忙しく何かをしている。」

これはとても嬉しいほめことばだ。

3　後片付けの心理

一三時三〇分　プロジェクト活動の時間だが、工務店では毎週この時間は「一週間のやり残したこと」に当てられている。クラス全体ですることやグループ活動はない。それぞれに仕事にとりかかる。原稿を書く子が数人。その内の半分はワープロを取りに職員室へ走る。ワープロは数が足りないので、ほかのクラスの子と取り合いになるのだ。村のお祭りの「餅まき」で拾った餅でぜんざいをつくる子もある。漢字プリントをしている子もある。しかし、いちばん多いのは木工をする子だ。一〇人ほどが多目的スペースで仕事を始める。今年は年少の子の中に木工好きが多い。木でバスをつくる子、下駄をつくる子、背もたれのある椅子をつくる子、基地の模型をつくる子、ビー玉タワーをつくる子など、さまざまだ。ビー玉タワーとは、高さ一メートルほどの四本足の木枠に、何層かのパチンコを組み込み、さらにビニールチューブなどを使って、ビー玉が複雑な落ち方をするように工夫されたおもちゃだ。とても人気がある。ほかのクラスの子もやってきて飽きずに遊んでいる。

この日、私が感心したのは木工グループの後片付けだ。二〇畳ほどの広さの床に散らばった木材を棚にもどし、道具をしまい、釘を拾ってから、ほうきで掃いて、最後に掃除機をかけるのだが、これがたった五分で終わってしまったのだ。ほとんどが年少の子なのだから、本当に見事というほかはない。いつも思うのだが、活動が充実し子どもたちが満足した時ほど、後片付けが早く終わる。彼らは「後片付けを手際よくすませる方が、それまでの活動の時間が長く取れるから得だ」ということを体で覚えていく。

4　通学の子、週末帰宅の子、長期滞在の子

一五時一〇分　子どもたちは、今日だけ特別のぜんざいを食べた後、大急ぎで帰り支度を始める。スクールバスは三時二〇分と四時ちょうどに出る。きのくにの大部分の子は、金曜日に自宅に帰り、月曜の朝早く家を出て学園へもどって来る。この子らは「週末帰宅の子」と呼ばれる。ごく少数の子が週末も寮に残る。「長期滞在の子」である。この中には隔週に家に帰る子も数人含まれている。今のところ通学の子が二五パーセント、週末帰宅の子が六〇パーセント、長期滞在の子が一五パーセントである。

通学の子は、その半分が橋本市や隣の高野口町、五條市などから通ってくる。もとからその土地に住

▶外国からのお客様
（サマーヒル・スクールの寮母テッサさんと、その娘メイニーちゃん）

◀「ビー玉タワー」づくり

んでいたのは三人だけだ。あとは入学が決まってから引っ越してきた。いちばん遠い子は大阪の堺市から来ている。

長期滞在の子は、土曜と日曜は寮で思い思いに過ごす。二日のうちどちらかにお小遣いをもらって、みんなで町へ買い物に出かける。この子らのために週末だけはたらく職員はいない。彼らの世話は、大人がみんなで交替でおこなう。もっとも長期滞在の子といっても、一カ月に一度は自宅に帰る。東京近辺の子も一〇人以上いる。中学生にとってはその交通費がバカにならない。

週末帰宅の子は、みな大きなリュックを背負って帰っていく。中には洗濯物が詰まっている。小さなリュックの子もある。自分で洗濯をすませた子か、特別に薄着の子だろう。ひょっとしたら一週間ほとんど風呂に入らなかった子なのかもしれない。週末帰宅の子の場合、一年のうち寮で泊まる日はだいたい一五〇日になる。

5　分校設置計画

一六時二〇分　子どもたちが帰ったあと、私の郷里、福井県の勝山市から電話が入る。かねて検討中の分校問題が本格的に動き出したのだ。そこの市立北谷小学校が、九七年三月で休校になる。その校舎とグラウンドを使って分校を開校する計画である。市長が議会で提案し了承されたとの知らせだ。ますます忙しくなる。しかし過疎化の進行で使われなくなった校舎は、全国にかなりあるらしい。今回の試みが成功すれば、自治体と提携して、あるいは自治体の主導で新しい学校をつくる動きが出てくるかもしれない。

この学校は、私個人にとっても因縁のある学校だ。つまり私の父親が師範学校を卒業して最初に赴任し、また後には校長もつとめた学校なのだ。校区にある杉山地区は、恐龍の化石の発掘でよく知られている。その杉山地区にかつて分校があった。緑がいっぱいの山の村は、家の数が二〇軒ほどしかなかった。急な斜面に田や畑が段々に連なり、冬は二メートルも雪が積もる。分校は村の真ん中にあった。子ども三〇人に先生二人の小さな学校だ。ここに母が赴任したのは、私が小学校三年の時である。

私は、この山の分校がすっかり気に入ってしまった。土曜の午後、私は、昼ごはんもそこそこに出かけたものだ。八キロはあるだろう。自転車で行くのだが、ずっと登りの土道で、そのうえ最後の二キロは徒歩だ。汗だくになって着くと母が待っていて、それからワラビや山ツツジを採りながら家に帰る。学校には教室が二つあって、一年生から三年生までを母が教える。高学年の担任は「男先生」だ。もう六〇歳は超えておられただろう。絵と工作が得意で、ひょうひょうとした方だった。今から思えば、私がこの学校が好きになった理由はいくつかある。
1　緑がいっぱいの山の中にある。四季それぞれに美しい。
2　先生と子どもの仲がいい。夜、夕食をすませた子どもたちが学校へ来て、先生と一緒にトランプに興じたりしている。
3　大きい子が小さい子の面倒を見たり、逆に小さい子が大きい子に算数を教えたりしている。年齢にとらわれていない。
4　山や谷へ出かけたり工作をしたりして、いろいろな力を身につけている。学校のまわり全部が教室だ。

5　学校と村の人との仲がよい。先生と村の人が道で出会うと半時間くらい話し込んだりする。村の人が採れたての野菜を学校へ届けてくれる。卒業して都会へはたらきに出た人も、帰ってくると必ず学校へ顔を出す。

ここには、現代の学校教育から失われたものが力強く脈打っていた。きのくに子どもの村の具体像を考え始めた時、私の心に浮かんだのが、ニイルのサマーヒル、その影響を受けて誕生したスコットランドのキルクハニティ・ハウス・スクール、デューイの実験学校、そしてこの山の分教場であった。ここは、きのくににとって大事なルーツの一つといってよいのだ。

6　通知表はないけれど

一七時〇〇分　きのくにの職員会議は週に一回開かれ、常勤の教員、寮母、事務員の全員が出席する。普通の公立学校とは違って、型にはまらない形で進められる。たいていは、どこかからいただいたお菓子や果物が出る。校長、教頭、主任などで構成される〇〇委員会というものもない。たいていの議案は全員で討論する。入学者の決定も全員で決める。時には一人の子について二時間近くかかることもある。一人の人間の将来を決めるわけだから、多数決はしない。とことん話し合う。

二一時一五分　「生活と学習の記録」の作成にとりかかる。きのくにには通常の通知表はない。しかし学期ごとにそれぞれの子の様子を保護者に知らせる。感情的側面、知的側面、社会的側面に分かれた自由記述式である。これはテストの成績をもとにした段階評価よりもはるかに難しい。時間もかかる。一人ひとりの子の普段の様子をよく知っていないと書けない。

保護者は次の学期の初めに、報告についての感想を担任に伝えてくる。担任はそれを指導の参考にする。ついでにいうと私たちは、子どもの否定的な側面についてはあまり書かない。書くにしても、できるだけ前向きに書く。例えば集会で落ち着いていられない子があっても、「落ち着きがない」とは書かない。「以前よりも落ち着きが出てきた」と書く。九九の応用問題で四苦八苦している子がいたら、「九九の応用でつまずいている」とは書かない。「九九の応用問題に熱心に取り組んでいる」と書く。子どもの否定的な面について親に報告しても、よい結果が生まれることは滅多にないからだ。

ときどき親から「この子のよいところも悪いところもすべて知らせて欲しい」とか「よいことばかり書かないで、悪いところを教えてください」という返事が来ることがある。こういう親の子どもは落ち着かない。いつも大人の目を気にするタイプの子が多い。逆に「この頃、うちの子はほんとに素敵になりました」と書いて来る人もある。こういう場合、子どもはウソのように明るくなる。そして活動に熱中する。子どものよい面が目につく親はしあわせだ。そして、その子どもはますます素敵な子になる。

それはさておき、この日、大阪ＹＭＣＡ国際学校から、昨日の二人の入試の結果について速報が入った。めでたく合格である。ほっとする。特に高原くんは、英語の試験で手痛い失敗をしたと思い込んでいたようだから、きっと大喜びするだろう。

＊土曜日(一二月一四日)＊

7　野生動物の天国？

一〇時二〇分　玄関の戸を激しく叩く音がする。

「先生、大変です。すぐ来てください。えらいことです。」

急いで戸を開ける。区長さんの奥さんだ。孫のさっちゃんも一緒だ。奥さんは憤慨している。

「カメラを持って来てください。シシです。シシがかかったんですわ。あんなところにワナを仕かけて、ほんとにもう！」

近くの山でイノシシがワナにかかったらしい。寮からほんのちょっと離れたところだ。区長さんの奥さんが怒っているのは、子どもがワナに挟まったら大変な怪我をするからだ。写真を撮って、警察と猟友会に抗議しなくてはいけない。さっそく普通のカメラとビデオカメラを持って出かける。なるほど大きなイノシシだ。左前足を挟まれてもがいている。寮からわずか五〇メートルしか離れていない斜面だ。体重は八〇キロも一〇〇キロもあるだろう。「うまいもの」や「ファーム」の子らが育てた野菜を食い荒らした〝犯人〟かも知れない。われわれが近付くと、怒って突っかかってこようとする。やがて下の駐在所からお巡りさんがやって来て、携帯電話で猟友会などに問い合わせを始めた。区長さんは大変な剣幕で繰り返す。

「こんな子どもの多いところでワナを仕かけるとは、何ということをするか。怪我をしたらどうする。

くれぐれもきびしく注意してもらいたい。」

来週は、さっそく子どもたちにビデオを見せて、山の中をむやみに歩かないように注意しなくてはいけない。この付近の山は市街地に近い。しかし嬉しいことに、野生の動物がけっこう多い。私自身が見たただけでも、イノシシのほかにムササビ、イタチ、テン、タヌキ、キツネ、フクロウ、リス、キジなどがいる。サルやシカを見たという人もある。クマも出たという噂だ。区長さんは、カモシカも見たことがあるそうだ。小鳥の種類もずいぶん多いらしい。ついでだが、このイノシシは、業者に四五万円で引き取られたという。

8　吉備高原のびのび小学校

一七時〇〇分　大阪へ出て書店を回った後、新大阪駅で吉備高原のびのび小学校の校長である酒井義史さん、そして副理事長の加藤幸次《ゆきつぐ》さんと会う。酒井さんは長身痩軀、笑顔がやさしくて人なつっこい方だ。以前は長野県で小学校の校長をつとめておられた。大の日本酒党である。加藤さんは上智大学の教授で、個性化教育の研究と指導でよく知られた方である。私たちの研究所の理事もお願いしている。三人が集まったのは、吉備高原のびのび小学校の児童募集について話し合うためだ。
のびのび小学校は、九五年の春、岡山県中央部の加茂川町で生まれた私立小学校である。廃校になった校舎と校地を町から譲り受け、寮を新築してスタートしたのだ。しかし思うように子どもが集まらず、また経営面でも問題が出てきた。この秋に理事長以下、主だった役員が退陣し、体制を立て直して再出発しようとしている。私たちの方は、今のところ定員を超えていて、寮も通学バスも満杯の状態だ。そこで問い合わせのあった人たちに、こちらの学校も見てもらうよう案内しようというのだ。

のびのび小学校は、理念の面でも実践的にも私たちの学校と多くの共通点を持っている。この日は、以下の点を再確認した上で、こちらからも児童募集に協力させていただくことで合意した。

1　体験学習や総合学習を中心にした授業をおこなう。

2　学年の枠をはずし、一人ひとりの個性や発達を尊重して指導する。

かねてから私は、子どもにも大人にも折あるごとにいってきた。

「きのくには、きのくにの人だけのものではない。自発性と個性と体験学習を大事にする学校を望むすべての人のものだ。」

きのくに子どもの村は、我が子に自由な教育をと願う親が中心になってできた学校だ。しかし、それは同時に、現代の学校教育を改革するために、ささやかな一石を投じたい、という思いを込めてつくられた学校でもある。紀州の山の中の小さな学園だけれど、私たちは、できるだけ多くの人と連携して、一人でも多くの子どもに幸福で実り豊かな子ども時代を過ごして欲しいと思う。だから、のびのび小学校に協力するのは当然なのだ。そして互いに刺激やヒントや励ましを与え合いながら、点と点が結び合って線になり、線と線が小さな面に育つ日を視野において仕事をしたい。

＊日曜日(一二月一五日)＊

9　学園村をつくる夢

一〇時三〇分　昨日イノシシを撮影したテープをダビングして区長さんに届ける。彦谷の区長の岡室猛彦さんは、今年六四歳だ。初めてお会いしたのは学校ができる六年前の八六年秋である。その頃の私たちは、やがて休校になる橋本市立彦谷小学校の払い下げによる開校を第一に考えていた。岡室さんは、私たちの計画にすぐに賛同し、さまざまな苦労を共にしてくださった。「他所者《よそもの》」の変わった学校開設計画を受け入れ、村の人たちとの間をとりもったり、市との折衝に走り回ったりしてもらった。今、私たちの寮が建っているのは、どれもみな岡室さんの土地だ。過疎の村をなんとか蘇らせたい、というのが積年の願いであり、子どもたちの喚声が響くようになったのをことのほか喜んでくださっている。やがて彦谷は学園村と呼ばれ、橋本市の文化の中心になる。これが区長さんの予言だ。孫の沙智代ちゃんは、きのくにの三年生で、入学以来ずっと工務店に属している。おとなしくて口数も少ないが、大工道具を持たせたらすごい。六年の子でもかなわない。

区長さんの家を出たあと、私は和歌山市内の自宅に向かう。一晩だけ自宅で過ごして、明日の朝また次男と一緒にきのくににもどってくるのだ。寮と学校の間で、切中清二くんとすれちがう。車を止めて声をかける。四国の徳島から来ている長期滞在の子だ。元気のいい一一歳である。

「おーい、切中くん。きのう、イノシシがワナにかかってんで。知ってるか。」

切中くんが威勢よく答える。

「知ってるよー。」

「切中くんも見たかい。」

切中くんの顔がこころもちゆがむ。みんなで下の町へ買い物に降りている間のできごとだったのだ。彼は、きのくにで一番の動物好きだ。基礎学習の時間でも、よく魚類図鑑を調べている。ヘビも平気でつかむ。大人の目を盗み、手下を引き連れて谷川へ下りて行ったりもする。手づかみでヤマメを獲るのだ。これが実にうまい。イノシシと聞いたら、だれより早く現場にすっ飛んできたに違いない。

「堀さんは見たよ。ビデオにも撮った。」

「…………。」

切中くんは平静をよそおう。追い討ちをかけて「どうだ、まいったか」といいたくなるのをこらえて、「じゃあね。また明日」といって別れる。バックミラーには、私の車がカーブを曲がるまで見送っている切中くんが映っていた。歯ぎしりせんばかりの表情でにらみつけている。

◀「山の家」の障子を張り替える

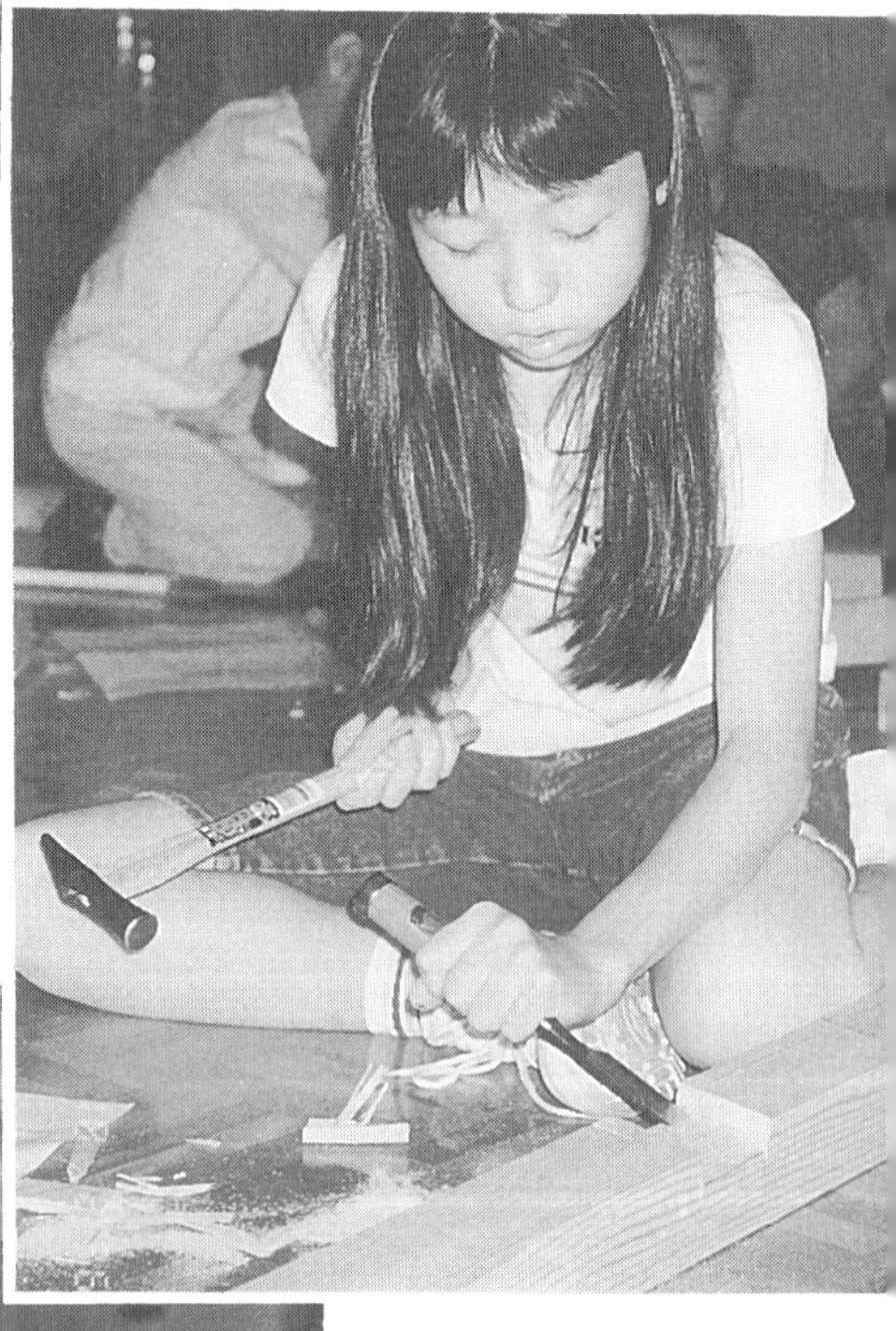

中学で使う机をつくる６年生▶

▼花をのせる台のペンキ塗り

II きのくに子どもの村の誕生まで

——自由学校の構想——

開校直後の小学校校舎

きのくに子どもの村学園をつくる準備が始まったのは一九八四年の秋。登校拒否、校内暴力、家庭内暴力、少年非行などが、連日のようにマスコミで取り上げられ始めていた。学園が開校したのは九二年四月。八年近くの月日が経っていた。しかし多くの関係者の努力にもかかわらず、事態は必ずしも好転していなかった。むしろより深刻な「いじめ」や「いじめによる自殺」などの問題が加わっていたのである。

私たちは、こうした問題をどのようにとらえ、どのような理論や実践に学んで、新しい学校の構想を練ってきたのだろうか。なぜ自由な学校がもとめられ、どのような発想からきのくにの学園は誕生したのだろうか。

1　不自由な子どもたち

――自由学校とは何か――

　私がきのくにに入ったのは三年の時で、だから二年間は地元の学校に行っていた。二年の時、テストでできた人から順に図書室に行くことになっていて、私は、算数が大きらいだったから、いちばん最後だった。そのテストは、私にはぜんぜんわからなくて、泣きながらやって、つぎの時間になって、となりの○○君が、「せんせ、高原さんが泣いてます。どうしたんですか？」ってきいたら、「ほっときなさい！」と先生がいった。先生なんて、大大大きらいだと思った。

　きのくにには、前の学校よりずーっと楽しいし、一杯学んでいるし、ほかの人と比べられないから、私は、きのくにに来てよかった。（高原恵、一二歳）

1　自由教育と自由学校

(1)　フリースクール

きのくに子どもの村学園は、しばしばフリースクールと呼ばれる。新聞やテレビで「日本初の認可されたフリースクール」と報道されることも少なくない。しかし私たち自身は、フリースクールを名乗ったことは一度もない。むしろ、そう呼ばれるのを意識的に避けているくらいだ。それは、特別の子どものための特別の施設だとは見られたくないからである。日本では、フリースクールということばは、自由な学校というよりも、むしろ不登校の子のための施設という意味に使われている。もちろん「きのくに」にも、それまでの学校で不幸な思いをしていた子どもも何人かは在籍している。しかし、その子らのために、という目的でつくられた学校ではない。自由学校、あるいは自由教育をめざす学校ではあっても、日本的な意味でのフリースクールではないのだ。

もともと自由学校というのは、定義のむずかしい用語だ。その中身は、使う人によってさまざまに理解されている。「自由学校では、ニイルのサマーヒルのように、授業に出る出ないの自由が保障されなければインチキだ」と強硬にいいはる人もある。「選択教科をふやせばそれでよい」と考える人もある。その人たちの世界観も、無神論者から熱心な宗教家まで多岐にわたっている。

いうまでもなく自由学校は、英語ではフリースクールという。しかし、フリースクールということばは、たんに「自由な学校」というだけではなくて、歴史的に特別な意味を持っている。つまり一九六〇年代後半から七〇年代にかけて、イギリス、アメリカ、ドイツなどで、主として大都市に現れた小さくてラジカルな、そして無認可で通学制の学校をさすことが多い。ここに通うのは、どちらかというと経済的に恵まれない家庭の子や、公立校に不適応を起こした子どもであった。親のほとんどは経済的に苦しい。したがって授業料も無料というところも少なくない。自由と無料《フリー》という二重の意味でフリーな学校なのだ。

ニイルのサマーヒルは、「世界でいちばん自由な学校」と呼ばれることが多い。しかし右のような狭い意味でのフリースクールとはいえない。創立されたのが一九二一年であり、しかも授業料を払うという点で、また寄宿学校という点でも、伝統的な学校という一面があるからだ。

日本では、フリースクールはいっそう特別な意味を持っている。つまり不登校の子の学びの場、または居場所という意味に限定されるようになったのだ。だから不用意にフリースクールというと誤解が生まれかねない。私たちの学園も、そのような施設だと思っている人も少なくないらしい。親だけではない。各地の教育委員会や児童相談所から、そして時には補導関係者から、不登校の子を受け入れてほしい、という要請が来る。私たちは、その子が不登校かどうかを受け入れの基準にはしていない。だから結果的には公立校で不幸な思いをした子どもも何人か在籍している。しかし私たちの学園は、本来の自由な教育の場をめざして創立されたのだ。

(2) 自由教育の意味

自由教育ということばにも歴史的な意味がある。伝統的な意味での自由教育とは、理性と徳性をそなえた「自由人」を育てる教養教育である。これに対置されるのは、奴隷や労働者階級のための職業教育だとされてきた。古代ギリシャ時代からの考え方である。この意味の自由教育は、理性の啓発を目的とし、その通路を古典的文芸《リベラルアーツ》に求める。

「レッセフェールの教育」というのも歴史的な意味を持つことばだ。いわゆる自由放任ではない。教育学において積極的な意味での「レッセフェール」とは、国家による教育支配を批判し、個人の自由や私的な教育を擁護する理論のことだ。これは、イギリスのジョン・ロックやジョン・スチュアート・ミルの教育論にみられる主張である。

自由主義教育ということばもある。これは、自由な個人の育成を目的として、子ども側の自由にも重きを置くのが普通だ。つまり権威主義や高圧的な指導をいましめ、子どもの自発性や興味を尊重し、個性やレディネスに即した学習を強調する。教育内容の面では、古典的文芸や知識体系の習得よりも、創造活動や知的探求を重視する。いわゆる児童中心主義などのように、子どもの自発性を尊重する学校や教育運動は、自由主義教育の範疇に入れられるものが多い。最近では、自由教育は、自由主義教育の意味で使われるほうが多くなっている。

冒頭の「自由学校というのは、定義のむずかしい用語だ」というのはこういう意味だ。そのためかどうかはわからないが、たいていの教育学辞典では、自由学校や自由教育の叙述にはわずかなスペースしか与えられていない。例えば我が国で最も大部の辞典である『新教育学大辞典』（第一法規）では、自由教育には一ページ弱あてられているものの、自由学校という項目はない。全8巻を通じて自由学校ということばが使われているのも、たった一カ所にすぎない。

本書では、特にことわらないかぎり、自由主義教育という意味で自由教育ということばを使う。したがって自由学校とは、このような教育をめざす学校ということになる。

2 自由学校への批判

(1) 世界でいちばん自由な学校

ところで自由主義教育や自由学校について論じようとすれば、ニイルの教育論と実践を問題にしないわけにはいかない。ニイルの思想と実践は、自由主義教育の最も徹底したものなのだ。ニイルを批判するにしても擁護するにしても、ほかのどの教育家が論じられた時よりも、自由主義教育の是非についての論点が鮮明になってくる。

ニイルは、子どもに「自分自身の生き方をする自由」を徹底して認める。I部でも紹介したように、サマーヒルでは、授業への出席さえ子どもの意思に任せられる。権威主義が否定され、大人と子どもはファーストネームで呼び合う。それだけではない。学校は、一つの民主的な共同社会と考えられていて、どの子もその担い手へと育つように期待されている。全校集会では、大人と子どもが対等の一票を行使して採決するが、この方式が、その目的実現のための有力な手段と見られているからだ。

ニイルが自己決定を大事にするのは、ただたんに大人や社会による拘束から子どもを解放しようとするからではない。むしろ既成の権威にすがらないで、自分自身で考える態度と能力を伸ばして欲しいと願うからだ。

ニイルはしばしば「精神分析の理論を基礎にして問題児の治療にあたった教育家」と呼ばれる。これも、とても一面的な見方だ。なぜなら彼は、フロイトを知るよりも前から公立小学校で、自由な子どもへの成長と、そのための自己決定を原則とする教育に取り組んでいたからだ。そもそも精神分析の知識と技法による子どもの心理的な解放は、それ自体が究極の目的というわけではない。教育の本来の目的は、自由な子どもへの成長を支援することである。臨床心理学的な対応は、そのための方法の一つにすぎない。

(2) 自由教育のめざすもの

ところでニイルや自由主義教育に対する批判は、次の二つに大別できるだろう。

第一は、明確な教育目的が欠けている、という批判だ。教師は何かの目標に向けて子どもを指導しなくてはならない。だから子どもの行動や思考に制限が必要だというのだ。例えば柴谷久雄は『ラッセルにおける平和と教育』(一九六三年、お茶の水書房)で、ニイルは消極的な「〜からの自由」を強調するあまり、積極的な「〜への自由」を軽視したと非難している。

しかしニイルは、理想の子ども像を抱いていなかったのではない。むしろ「自由な子ども」という明確な理想を抱いていた。その追求のために、大胆な自己決定の生活を子どもに認めたのだ。逆説的ない い方だが、自己決定を子どもに迫ったといってもよい。サマーヒルは、子どもが自分のことを大人に決めてもらうのを許さない。だから厳しい学校なのだ。もちろん教師は手をこまねいているわけではない。教師は、子どもが自発的に行動し学習するための環境や条件を用意する。これは、強制によって子どもを指導するよりも、はるかにむずかしい仕事だ。子どもの自由が多ければ多いほど、教師の側には周到な準備が要求されるからだ。

自由主義教育と伝統的な教育との違いは、教育の目的がはっきりと掲げられているかどうかにあるのではない。伝統的な教育は、特定の価値観や世界観の「伝達」を目的にする。これに対して自由主義教育は、子どもみずからが価値観や世界観を創造するのを援助する。そこにはっきりとした違いがある。

自由主義教育に対するよくある批判の二つ目は、社会的な関心にかかわるものだ。例えば、ニイルには「歴史的、社会的に見ぬく目」が欠けている、といって批判する人がある。しかし自由主義教育の実践家は、伝統的な教育家よりもむしろ社会的な活動に熱心なのだ。ラジカルな自由教育家ほどその傾向が強い。ニイル自身も、若い頃から政治に関心を持っていたし、教職員組合にも期待をかけていた。

ところで広島大学名誉教授の沖原豊氏は『校内暴力－日本教育への提言』(一九八三年、小学館)その他の著書でニイルにふれ、サマーヒルが各国で悪影響を与え、日本でも「青少年非行・校内暴力を生み出す土壌となっている」と非難している。くわしく論じる余裕はないが、名のある研究者とは思えない粗雑で短絡的な議論である。自由主義教育の思想や実践に対しては、「偏見から」とまではいわないにしても、既成の価値観から一方的に、しかも正しい情報にもとづかないで非難する人が多い。沖原氏のニイル非難はその典型的な例である。

いっぽう自由な教育を称揚する人の中にも、モットーに酔いしれ、現実離れしたおしゃべりに興じている人も少なくない。きびしい現実的な取り組みや試みがおろそかにされている。大切なのは、ニイルと同じように妥協しない形で、しかも長期にわたって実践を積み重ね、実証的にその有効性を検証することだ。事実と実践にもとづかない議論やおしゃべりは、子どもにとってたいそう迷惑である。

3　不自由な子どもとは

(1)　心理面の自由と不自由

以上のように見てくると、現代的な意味における自由学校の姿が、かなりはっきりしてきた。それは、子どもが既成の価値観に拘束されずに、自分自身の生き方やものの見方をきずくのを援助しようとする学校である。教育方法の面では、大人による直接的な統制をできるだけ減らし、子ども自身の決定や選択や実験を何より大切にする学校だ。

この教育目標と教育方法の両面は、相互に結び付けられていなくてはいけない。これを切り離すと、奇妙なことが起こってくる。例えば、自由なものの見方を育てるためだといって、強制や細かな指示を持ち込もうとする人がある。逆に、子どもにしたい放題をさせて放任すれば、ここでいうような自由な子どもが育つというものではない。自由な子どもという目標と、そのための具体的な方法とは表裏一体なのだ。

それはともかく、自由な子ども、つまり既成の価値観や権威に左右されずに自分自身の生き方をする子どもといっても、実際にはどのような子どもなのだろうか。年齢や発達段階によって、その姿はどう違うのか。それをはっきりさせるには、不自由な子どもとはどんな子どもなのかを考えるとよい。現実に存在する子どもの中で、積極的に生きにくい子とか、自分で考えたりしにくい子とは、どんな子どもなのだろうか。

不自由な子どもとは、まず感情面、とくに無意識の領域に不安、緊張、罪の意識、自己憎悪などを秘めた子どもである。こういう子どもは、自分自身の生き方をする喜びを感じにくい。次の章では「いじめ」や不登校の子どもについて取り上げるが、内面に不安や自己憎悪を秘めた子どもというのは、自己肯定感が弱く、つねに外部からの評価を気にして生きている。そして、こうした、子どもたちのものの考え方や人間関係にもよくない影響を与えている。

例をあげてみよう。かのオウム真理教の幹部についての話である。テレビ報道によると、逮捕された幹部は、独房の中で教団の発行した印刷物を丸く並べ、その中でじっとすわり、長時間ぶつぶついって過ごしたという。それを聞いて私はすぐに、ある男の子のことを思い出した。まだ大阪市立大学で教えていた頃だ。その子は、研究室で開いていた幼児教室のおもちゃづくりのグループに参加していた。いつもほかの子より一時間くらい早くやって来る。そして、おもちゃをつくる部屋の戸や窓を締め切って、しかも暗幕を全部引いてしまう。それから部屋の真ん中に幼児用の椅子を丸く並べると、その中にすわって、みんなが来るまでの時間を過ごす。その表情は、普段とはうって変わって、落ち着いてしあわせそうだ。この子は四歳で、男の子ばかりの四人兄弟の三番目だ。しかもすぐ下に年子の弟もいる。この子にとって、この椅子のサークルの中は、きっとお母さんの子宮を象徴していたに違いない。オウムの幹部の行動は、これととてもよく似ている。彼らは、母親の胎内にもどってあたたかく守られたい、という幼児的な願望を持つ人たちなのではないか。この推測を裏付けるような事実が続いた。教祖の麻原彰晃自身が、一階と二階のあいだの小さな部屋で逮捕されたのだ。部屋というより、横になって入らないといけないような狭い空間である。その中で小さくなっている麻原の姿は、母親のおなかの中の胎児を連想させるではないか。彼らは、いわゆる知的エリートである。有名大学やその大学院を出たような人たちだ。知識や技術は、量も質もすごいかもしれない。なにしろサリンのような毒ガスを独力でつくってのけたのだ。しかしその心理面は、まことに不自由で幼稚なのに違いない。

(2) 知性の自由と不自由

よくいわれるように、現代の学校教育は、既成の知識の暗記に異様なほどの力が注がれている。ところが自分自身で知識をつくるプロセスは、ほとんどないがしろにされている。だから、覚えることは得意でも、自分で考えるのは不得手だ。不得手というより、むしろ自分で考えることに不安さえ感じているかもしれない。オウムの幹部たちは、地下鉄の中でサリンを撒いたらどうなるか十分に予測していただろう。しかし彼らは、教祖の命令には、逆らうどころか、ほとんど疑問も持たなかったのだ。

だれもがいうように、暗記中心の教育では、知性つまり創造的に考える態度や力は育ちにくい。そのうえ、その暗記教育そのものも、はなはだ心許ないものなのだ。私がまだ大学にいた頃に、こんなことがあった。一回生のための専門科目の講義をしていた時だ。何かのきっかけで学生たちに、奈良の大仏の建立された年代を覚えているかどうか、と尋ねたことがある。四、五〇人の受講者の中で、覚えていたのは、半分ほどしかなかった。もちろん、大仏の鋳造法について正確に知っている者は、だれ一人としてなかった。大阪市立大学は偏差値の低い大学ではない。彼らはたった六カ月前に、きびしい受験戦争を勝ち抜いて合格して来たばかりだ。しかもほとんどが、センターテストの「社会」で日本史を選択したはずなのだ。

「日本の先生はね、勉強を教えれば、子どもは頭がよくなると思ってるのかしら。」

これは、かつてサマーヒルで、ある日本人の生徒と話をしていた時に、彼女が何気なく口にしたことばだ。たぶんそれほど深く考えていったわけではないだろう。しかし私たち親や教師は、彼女の問いに真剣に答えなければならない。

(3) 人間関係の自由と不自由

子どもたちは、感情面と知性の面で不自由なだけではない。彼らは、既成の行動様式を当然のこととして押し付けられている。人間関係の知恵つまり道徳でさえ、副読本という名の教科書で、徳目ごとに一斉授業で教えられる。だから実際的な生活や具体的な活動の中で、お互いの思いや欲求をぶつけて調整し合い、そこから自分たち自身の知恵をつくり出す機会がほとんどない。「協力」ということを例にとれば、「力を合わせるほうが互いに快適で、しかも得だ」という実感が大切なのだ。そのような実感も体験もなく、ただ協力という徳目を押し付けられても、民主社会で求められるような実際的な社会性は育ちにくい。しかも子どもたちは、受験戦争という名の孤独な競争に追い立てられている。だから、ほかの子の気持ちを思いやることは、とてもむずかしい。

前著『きのくに子どもの村』でも書いたのだが、大阪市立大学ではこんなことがあった。ある年の入学試験の日の朝である。私は、正門で受験票をチェックする役目を与えられていた。開門と同時に受験生が入ってくる。どの受験生の表情もかたい。「みんな緊張しているな」と思って見ているうちに、ぞっとするような事実に気が付いた。校門の前の道路は、近くの小学校の通学路になっている。受験生は、真っ直ぐに校門に向かってやってくる。そしてちょうど門の前で登校する小学生と交差する。ところが小学生に道をゆずる受験生はだれ一人いない。小学生の方が立ち止まって、受験生の列がとぎれるのを待ってやっているのだ。ほんとに不気味な、そして背筋の寒くなる光景であった。

苛酷な受験戦争を勝ち抜くには、まわりの人へのこまやかな関心などは、むしろ障害になるのかもしれない。しかし子どもたちが、幼いときから入学試験の影に脅かされ、詰め込み教育に追われ、塾通いに明け暮れしているうちに、こんな深刻な事態が生じているのだ。

以上を短くまとめていえば、不自由な子どもとは、内面に不安や自己憎悪を抱えた子ども、知識の量は多くても自分で考えられない子ども、そして大人から道徳を押し付けられ、思いやりや実際的な共に生きるための知恵の乏しい子どもである。自由な子どもとは、感情的に解放され、自分で考える態度を持ち、共同生活の中で民主的な行動の術《すべ》を学ぶ子どもである。

ひとことでいうと、自由な学校とは、感情的にも知的にも人間関係でも自由な子どもをめざす学校である。

2　子ども強制収容所
――今、なぜ自由学校が必要なのか――

まえのがっこうだったら、先生がみんなきめてしまう。いわれたとおりにせなあかん。いわれたとおりにせんと、おこられる。そんなんひきょうや。（さくらいのりあき、八歳）

1　いじめの心理

(1)　いじめ現象のひろがり

一九九六年の二月、大阪の幼少年教育研究所（石田光所長）が、市内の五、六年生を対象にしておこなった調査の結果を発表した。子どもたちの自己像について調べようとしたのである。その結果の一部は日刊各紙で取り上げられ、かなりの反響を呼んだ。とりわけ人々の関心を集めたのが、自分を否定的に見ている子どもが多いことである。「自分がきらい」と答えた子が三三パーセントにのぼったのだ。

図 2　いじめの発生件数

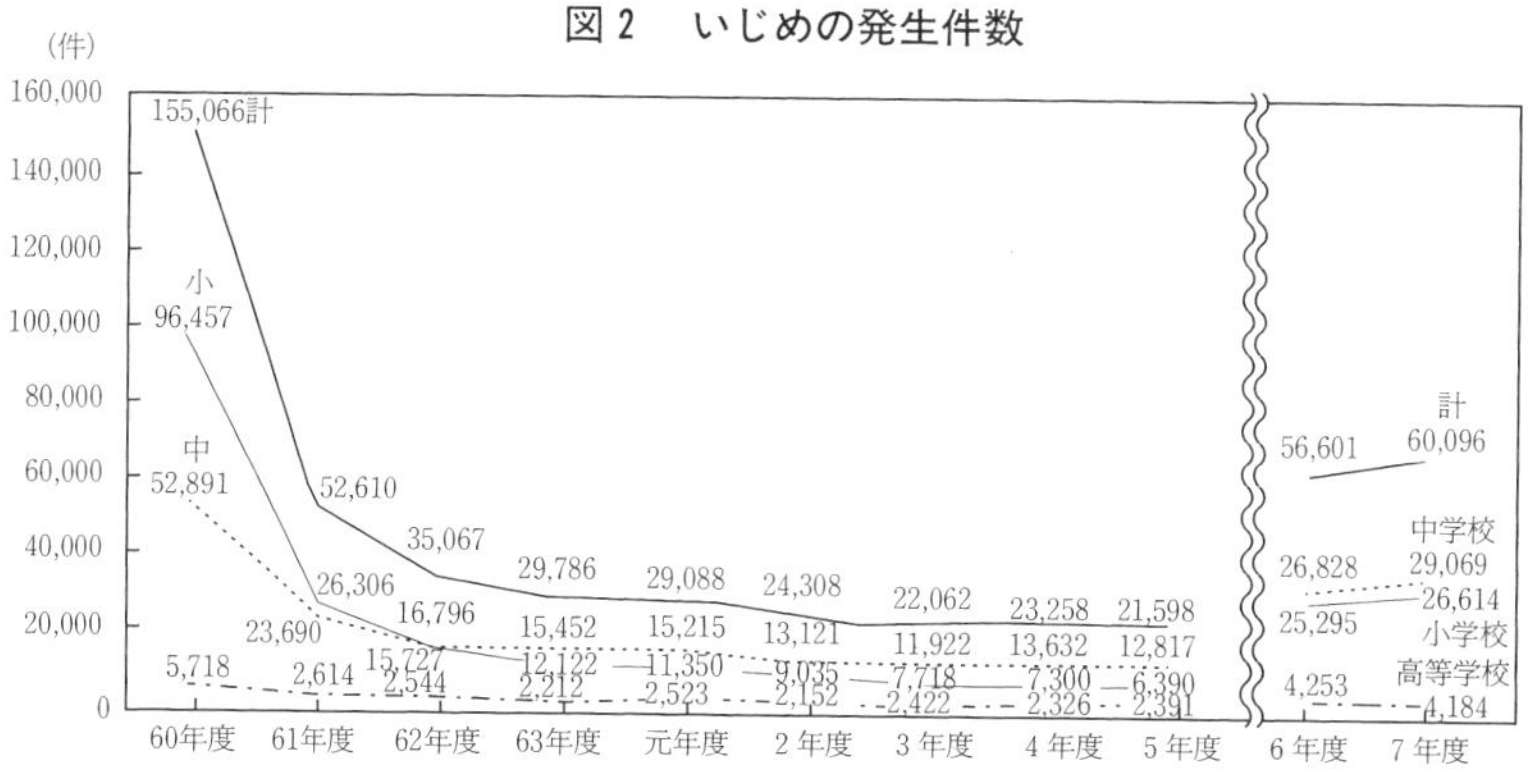

（注1）昭和60年度は，昭和60年4月1日～10月31日までの値である。
（注2）平成 6 年度，7 年度の計には，特殊教育諸学校の発生件数も含む。

図 3　登校拒否児童生徒数の推移

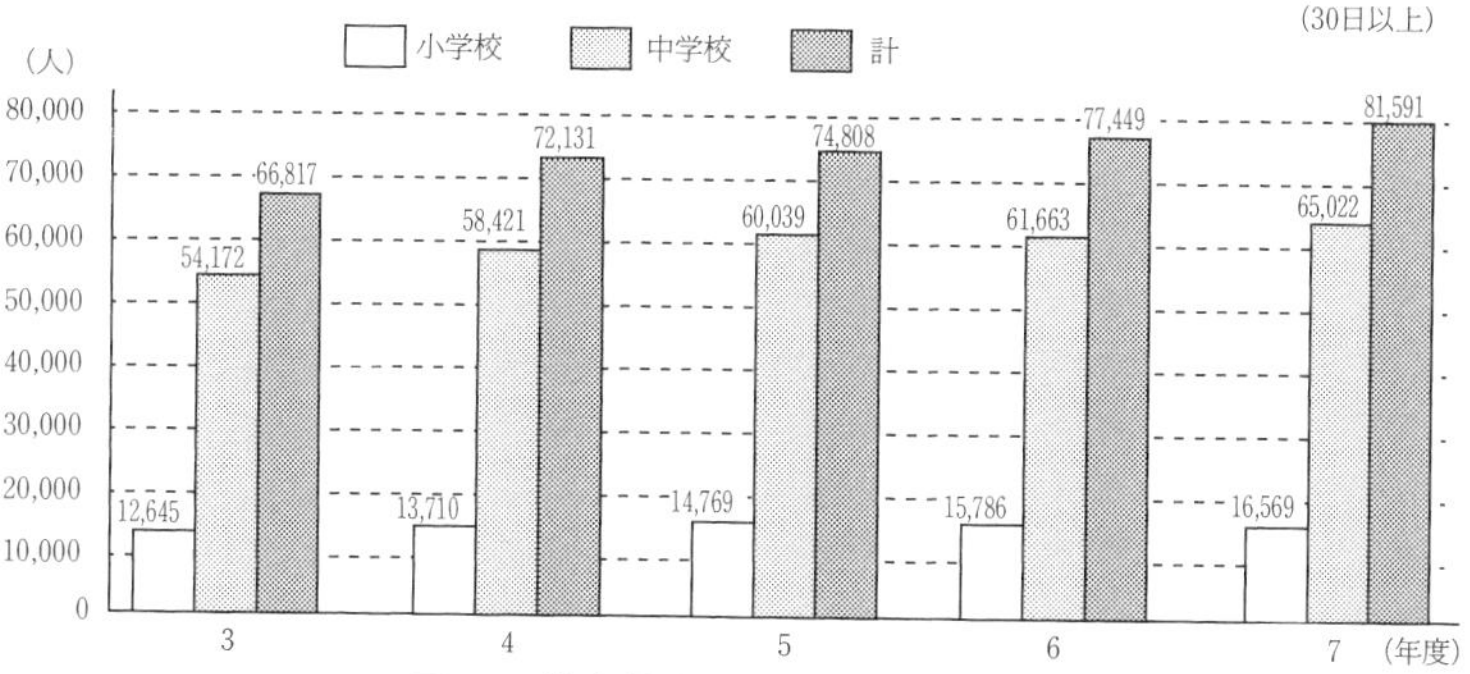

図 4　校内暴力の発生学校数・発生件数

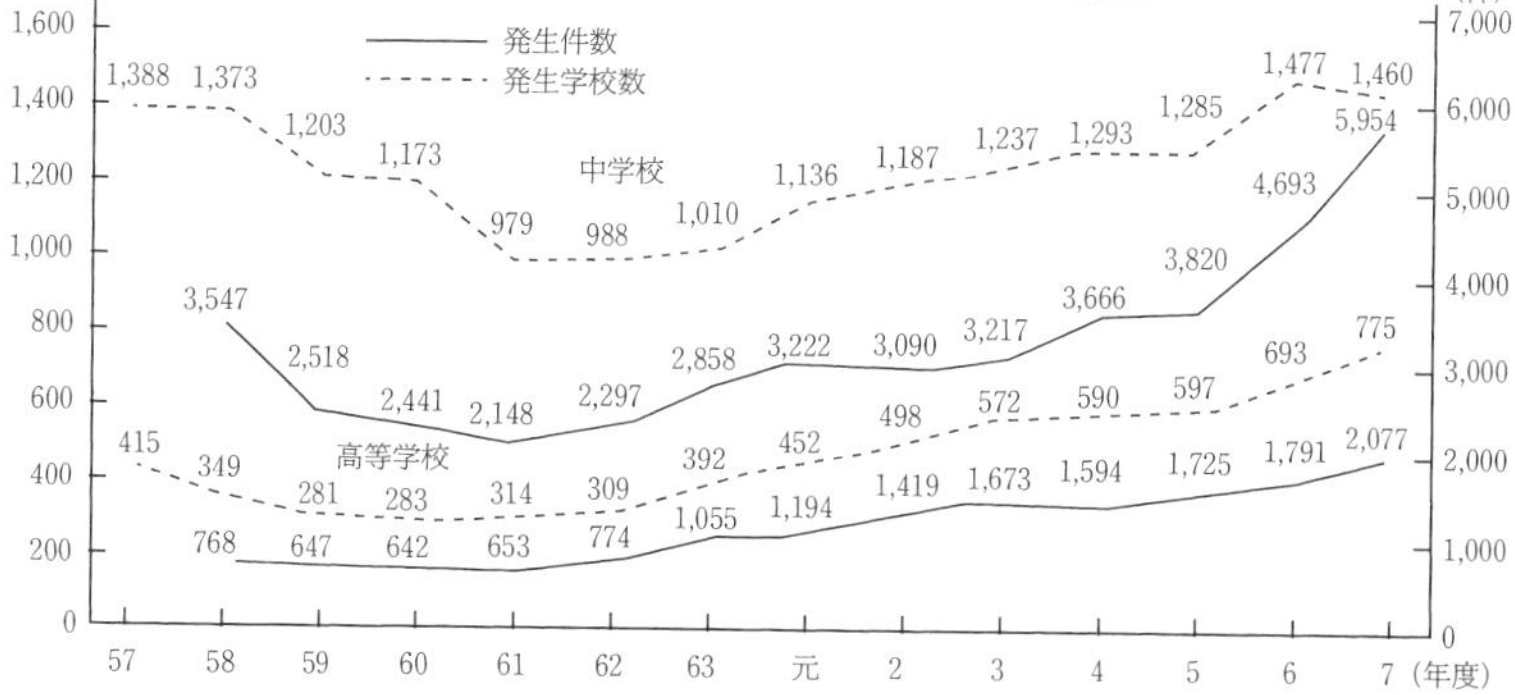

※　『文部広報』第973号，1997年。

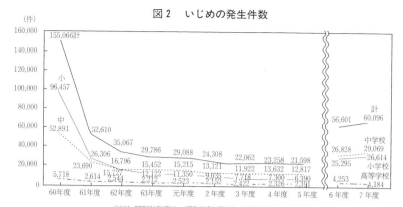

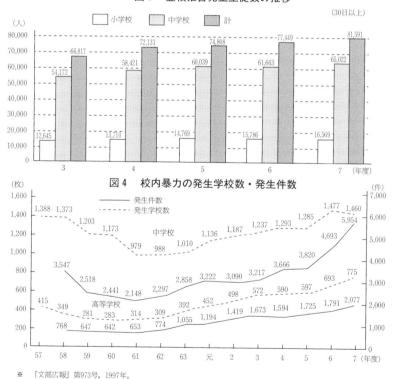

自分を批判的に見る子どもの割合は、年齢とともに上昇するのが普通だが、小学校五、六年生の間でこんなに高いとは、だれも予想していなかった。

しかし、子どもの心の深層に潜む自己否定感情や、そしてそれの高じた自己憎悪こそは、現代の学校教育における諸問題、特にいじめと登校拒否の問題を解くカギではないだろうか。

「いじめ最悪の6万件」。一九九五年一二月二五日の朝日新聞はじめ朝刊各紙は、前年度の公立小中学校におけるいじめの実態について大きく報じている。いじめの発生件数は全体で六万九六件で、その前年度と較べて六パーセントの増加だという。いじめの発生した学校の割合は、小学校が全体の三四パーセント、中学校が五八パーセント、高校は四〇パーセントとなっている。校内暴力の増加はもっとひどくて、中学校で二七パーセント、高校でも一六パーセントふえている。さまざまな対策にもかかわらず、いじめも暴力も増加の一途をたどっているのだ。

そして、現場の事情にくわしい人ならだれでも知っているように、この数字は表面に現れたものにすぎない。教師の気付かない件数はどれだけあるか、だれにもわからない。そもそも、いじめというものは、教師や学校の知らないところでおこなわれるのが普通なのだ。だから大きな事件が起きるたびに、マスコミの取材を受けた校長や担任は「まったく気が付かなかった」と答えるのである。

(2) いじめと自己否定感情

今日のいじめの特徴は、次の三つに要約されるだろう。

1　いじめる側に立つ子どもが多い。どんな子でも、いじめたいという心理を秘めている。そして、いじめられたことのある子の多くが、自分もいじめたことがあると答えている。

2　いつまでも執拗に続けられる。わかっていてもやめられない。これが、いじめの心理なのだ。

3　口実やきっかけが非合理的である。「なんとなくむかつく」からいじめる。「むかついている心理状態の自分」がまず問題なのだ。相手に非があるからというのではない。

ひとことでいえば、おおぜいで特定の子に、理屈に合わない理由をつけていじめ続ける。教師の介入で一時的に抑止されても、いじめは形を変えていっそう巧妙に続けられるのだ。

さて、いじめる子どもの口ぐせの中で、いちばん多いのは何だろうか。そして、どんな子がいじめられやすいだろうか。この二つの問題について考えると、いじめる子どもの心理が見えてくる。まず、第一の口ぐせについては、なんといっても多いのが「むかつく」、そして「超むかつく」である。いじめは理屈の問題ではなくて、むしろ情緒の問題なのだ。そして二番目に多いのは、「どうせオレなんか」とか「私なんか」という意味の、憤りとも自嘲ともつかぬことばである。ついでにいえば、第三に多いのは、「なぜオレだけが……」という逆恨みのことばのようだ。

次に、いじめの標的になりやすいのは、まず勉強の不得手な子である。いじめる子が自分自身の内なる「出来ない子」を憎むからだ。汚い、暗いといっていじめられる子も多い。いじめる子が内心の「暗い自分」を嫌うからだ。いじめる子どもとは、自分のいやなところや認めたくない姿を他人の中に見つけて攻撃する子、つまり自己憎悪を「投影」する子である。

子どもたちは、親や教師から「勉強ができて明るく頑張る子」という理想を強いられている。しかも、どんなに努力しても「もうよい」と認めてはもらえない。際限なく一段高い要求を突き付けられる。子どもの内面では、要求に応えきれない自分への否定的な感情がふくらんでいく。いじめる子どもは、これをほかの子に投影する。この自己否定感が解決されないうちは、強迫的にいじめ続けずにはいられない。

登校拒否の子も同じ感情に苦しんでいる。「どうしてボクはだめなのか」「〇〇ちゃんは、ちゃんと学校へ行けるのに……」と自分を責める。ひどくなると、体を傷つけたり、髪の毛を抜いたりして自分を罰する。毎日のように何時間もていねいに手を洗う子もある。「自分は汚れている。きれいにならなくては」という強迫観念に駆られているようだ。登校拒否の子は、普通の子よりもずっと潔癖である。「学校へ行かなくてはいけない」という思いが、普通の子よりずっと強いのだ。自己否定感情を自分に向ける子も、他人に向ける子も、その無意識のメカニズムには気付いていない。

子どもの心からこの挫折感、自己否定感情、罪の意識、自己憎悪、絶望感などを取り除かないうちは、そして自己肯定感を取りもどすための援助をしないうちは、いじめも不登校も根本的には解決されないだろう。近視眼的な対策は、問題をいっそう錯綜させてしまう。いちばん大切なのは、子どもたちの内心の「本当はこうありたい」という願いに耳を傾けることだ。彼らは、この願いを意識しているとは限らない。むしろ抑圧しているといってよい。抑圧しないと生きていけないからだ。私たちは、「このままの君ではだめ」ということばやまなざしを慎み、「今の君でいいのだよ」というメッセージを与え続けねばならない。

2 学校はこれでよいか

(1) 学校教育のどこが問題なのか

子どもの内面の自己憎悪は、知的発達にも影を落としている。彼らはいつも不安に駆られ自信を喪失している。物知りだが自分で考えることからは逃避する。だから非合理的な権威にすがったり、独りよがりの、しかし一面では緻密な思考の虜《とりこ》になりやすい。「バチがあたる」とか「審判を受ける」とかいう脅しにもとても弱い。オウム真理教の幹部に有名大学やその大学院の出身者が多いという事実は、今日の教育の欠陥を雄弁に語っているのではなかろうか。

子どもの心に「自分が好き」という感情を取りもどすことこそ、現代教育のさまざまな問題を解決するための共通の目標でなければならない。前の章で整理したように、私たちがその成長のお手伝いがしたいと願う自由な子どもとは、感情面でも、知的発達の面でも、人間関係の面でも自由な子どもである。つまり無意識的な不安や自己否定感から解放されて、生き生きと生活し、自分自身の頭で考え確かめる態度と力を持ち、ほかの人と生きる喜びを味わい、そのための知恵を身に付けた子どもである。

今いちばん急がれるのは、子どもたちが「ぼくは自分が好きだ」とか「生きるというのは、こんなに素晴らしいことだ」という実感を持って自発的に生きる場としての学校をつくることだ。私たちは、このような認識から学校づくりを始めた。しかも、この仕事の中心になったのは、私自身も含めて、自分自身の子どものために学校をつくろうとした人たちなのだ。なぜなら現存の学校は、「自由な子ども」

を育てるのに向いているとはいえないからだ。「向いていない」と断言すると、公立学校の関係者からはお叱りを受けるかもしれない。しかし少なくとも「十分には向いていない」のは間違いない。

まず第一に、今日の学校では、公立であれ私立であれ、主人公は子どもではない。教師である。年齢が同じだというだけで、何十人もの子どもが狭い教室に入れられ、静かに机にすわらされる。子どもが興味を持ってみずから学ぶというより、あらかじめ教師によって用意された内容を、全員が一斉に学ばせられる。本来は激しく活動的なはずの子どもたちは、体を動かすことを極端に制約され、静かに机にすわって一日の大半を過ごす。

次に、こうした教師中心の一斉授業、特に多人数クラスの授業では、子どもの個性や個人差はほとんど度外視される。むろん、ひとつの学校の中だけではなく、日本の教育全体がひどく画一的にできていて、沖縄でも北海道でも同じ題材が同じペースで教えられる。そして子どもたちは、教科書の中身の記憶量という一つの尺度で評価され、序列化され、選別される。世界の切手の歴史については玄人はだしの子でも、九九がいえないと「学習意欲のない子」とか、「できない子」とかいうレッテルを貼られてしまうのだ。そして「できない子」というのは、「よくない子」なのだ。

第三に、学習から体験や生活の要素が失われている。そのほとんどが抽象的な内容を、教室の中で、黒板、教科書、ノートなどを使って伝達するという形でおこなわれる。算数は、公式を覚えて数字を操作することに矮小化されている。国語は、漢字の読み書きに異常なほどの力点が置かれ、また創作よりも鑑賞が大事にされる。いずれにしても、子どもたちの毎日の生活からあまりにもかけはなれている。

「基礎にかえれ」(Back to the Basics) という運動がある。基礎学力を大事にしようという主張だ。

しかし基礎学力とは、いったい何だろうか。その答えは、人によって必ずしも同じではない。しかし、もし計算の正確さと迅速さが算数の基礎学力だなどというなら、算数の魅力が台無しにされてしまうだろう。計算よりもっと基礎的なのは、数を使って考える態度と能力である。現代の子どもたちは、機械的なドリルや自分にとって何のかかわりもない応用問題を押し付けられ、数や形を使う喜びも数学の世界の美しさも奪われてしまっている。

国語も同じだ。必要以上に多くの漢字や熟語を、しかも異常なまでに正確に紙の上に再現するように強いられている。あるいは他人の文章をその著者の意図通りに読み取ることを求められている。漢字や熟語の暗記、あるいは名作の鑑賞よりも、もっと大事にしないといけないのは、ことば（文字とはかぎらない）を使って表現したり交流したりする喜びではないだろうか。

このように見てくると、残念ながら現代の学校は、子どもにとって魅力のある場とはとてもいえない。特に生活の大部分を占める授業は、多くの子どもたちにとって魅力がないどころか、むしろ苦痛の種になっている。すべての子どもに同じ教材を与え、教師の話が理解できなくても、じっと静かにすわっていることを強制する施設。それは、学びの場というよりは、むしろ「昼間子ども強制収容所」(Graubard: *Free the Children*) とでも呼んだほうがよい。

(2) 教育と学校の常識を見直す

日本の学校にかぎらず、たいていの学校は次に述べる三つの原則で貫かれている。

1　大人がすべてを決める教師中心主義
2　個人差や一人ひとりの興味などをほとんど無視する画一主義
3　知識や徳目の伝達を目的とする書物中心主義

これらの原則は、学校にかんするいくつもの常識をつくっている。常識というより、迷信といってもよいものもある。私たちが、「新しい学校をつくる会」という名前で学校づくりの準備を始めたのは、一九八四年の秋のことであった。それから九二年の開校までの長いみちのりについては、前著『きのくに子どもの村』に触れておいたので、ここでは繰り返さない。私たちは、まず、学校にかんして広く受け入れられている常識を検討し直す作業から始めた。

〈常識その1〉教育とは学校へ行くこと（schooling）である。

教育基本法によれば、「教育は人格の完成をめざして」おこなわれるものだ。そして、人格の形成は学校でしかできない、などと考える人はないだろう。少なくとも、今ある姿のままの学校でなければならない、ということはないはずだ。もっと違った形のさまざまな人格形成の場があってもいいのではないか。

〈常識その2〉学校では先生と児童・生徒がいる。先生は教え、児童と生徒は教わる。

教育とは、教育当局や教師が適当と認めた知識と技術を、子どもが一方的に受容するプロセスであるという考えだ。「なぜそうしなくてはいけないのか」を尋ねたりすると、非常識な人間だと見られてしまう。そして、子どもが子どもなりに知識や技術を創造したり、ものの見方をきずいたりする能力は無視されている。まったく無視されているとまではいわないにしても、極端に軽視されている。そんなことは非能率的で時間の無駄だ、と見られているのだ。

〈常識その3〉学習とは、教科書の中身を習得することである。そして国語、算数、理科、社会、（中学校ではさらに英語）が主要教科である。

以上のように、教育とは学校での教師による効率的な知識と技術の伝達だということになれば、とうぜん抽象的な知識の体系がいちばん尊重され、教科書こそが最善の教材だとされる。そして教科の中でも、抽象的なものがより高等で、より大切だと見られる。そもそも主要教科ということば自体が、どこかおかしいのではないか。そのことに気付かないと、いつまでたっても「よい学校とは、よい上級学校に多くの生徒を入学させる学校である」という暗黙の了解が幅をきかせるだろう。

いわゆる偏差値中心の教育の一番の弊害は、教科書の中身の記憶量が、子どもの能力を判定するための最善の、そして唯一の尺度だと見られているところにある。教育の中身が多様化され、その当然の結果として評価の尺度が多様化されれば、偏差値教育ということば自体がなくなるはずである。

〈常識その4〉子どもは、年齢によってグルーピングされる。

これは、誕生からの時間の長さが、子どもの発達や能力を計るための最善の尺度だ、という間違った仮説を根拠にしている。本当はだれもこんな仮説を信じてはいない。にもかかわらず、それにもとづいてできている年齢別のクラス編成に対して異議を唱える人はおろか、疑問をさしはさむ人さえほとんどいない。

〈常識その5〉すべての子どもに同じことを教えるのが民主教育である。

「すべての子どもに高い学力を」というスローガンは、子どもはすべて同じ存在だという前提に立っている。しかし現実の子どもは、それぞれに先天的素質と誕生後の学習環境を異にしている。「すべてのことをすべての子どもに」という原則は、実は教師自身をもしばりつけ、自主的に教材をつくったり指導方法を工夫したりする自由と喜びを奪っている。教師は、このことにも気付かねばならない。

〈常識その6〉一つのクラスに一人の担任が配置される。クラスの大きさは、ほぼ同じでなければならない。

現実的ないくつかの理由によって、子どもをいくつかのグループに分けるのはやむを得ないだろう。しかし、だからといって、同じ大きさで均質のグループにしなくてはいけないという理由はない。さまざまな要因に応じて、クラスの大きさは違っていてもよいはずだ。またそれを固定しないで、柔軟に大きくしたり小さくしたり、あるいは個別指導の形を取ったりした方が、子どもにも大人にも有利なのではないか。それにはティーム・ティーチングの発想が必要である。一時限の長さも、四五－五〇分にこだわらなくてもよいはずだ。

〈常識その7〉学校教育は教師がおこなう。そして教師は教員免許を持たねばならない。

教員免許を持つ人は、大学で訓練を受けた人たちである。だから学校での子どもへの指導能力はすぐれている。普通はこのように見られている。しかし、教育を広く人格の形成という視点から見るなら、少なくとも免許がなければ指導ができないということはない。いろいろな分野の専門家や「町の先生」の方がよい授業ができることもある。そして子どももまた素晴らしい教師になり得る。

〈常識その8〉年長の教師は高い給料をもらう。

理屈のうえでも現実的にも、年齢が高いからといって、子どもにとってよい教師とは限らない。しかも一人ひとりの子どもがかけがえのない存在であるように、一人ひとりの教師も独自の存在である。それぞれの天分と経験と力を発揮して子どもの相手をする。だから基本給は、全員同じでもよいのではないか。これは、教師一人ひとりを謙虚にさせ、しかも自覚と誇りを促すうえでも大切なのではないだろうか。通勤手当や家族の養育費などは別に考慮すればよい。

〈常識その9〉校舎は、主として同じ大きさの複数の教室と長い廊下でできている。

これは、学校とは、同じ大きさのクラスを一人の教師が担当して、教科書の中身を効率よく伝える施設だ、という間違った常識の当然の帰結である。子どもの個性や自発性を尊重し体験学習を多くする学校では、学習スペースは必然的に、機能の面でも大きさの点でも多様になるはずだ。したがってオープンプラン・スクールのような新しいタイプの校舎が必要になる。

〈常識その10〉教師の権威は、教師という地位に付託されている。

要するに「子どもよりも教師の方が地位が上だ」という考えである。「三尺下がって師の影を踏まず」というのはさすがにもう古い。しかし「教師は教師であるがゆえにエライ」という固定観念は、今も広くゆきわたっている。本当の教師の権威は、子どもをより幸福にし成長させる力を持つ人に対して、子どもの方で実感するものではないのだろうか。

(3) 不登校は子どもの異議申し立て

たしかに登校拒否やいじめや校内暴力などは、教師や親や為政者にとって頭の痛い問題だ。しかも、いずれも解決に向かうというよりも、むしろ増加の一途をたどっている。ここで私たちが留意しなくてはいけないのは、いじめにしても、登校拒否にしても、はたまた校内暴力にしても、いろいろな調査で表面に出てきた数字よりも、実際はもっと多いということだ。それだけではない。外から見てはっきりわかる行動に走る子どものほかに、心の中の奥深くにそうした行動への可能性を秘めた子どもが、普通に想像されているよりもはるかに多いのである。例えば大阪市立大学の森田洋司教授の報告によれば、中学生の場合「学校がいやで休んだことのある者」と「学校がいやで遅刻・早退をしたことのある者」がそれぞれ一三・二パーセント、八・〇パーセントあり、しかも「学校はいやだが我慢して通学している者」は実に「四二パーセントに及んでいる。(毎日新聞〈大阪〉、一九八九年九月二一日)」

子どもたちが、学校や授業に対してこれほどに心理的抵抗を抱くのはなぜなのだろう。いったい何が、子どもたちに「学校に背を向けさせる」のだろうか。このように見てくると、いじめや登校拒否や校内暴力は、子どもの側の問題というよりも、むしろ学校の在り方の問題だからではないかと思われてくる。つまりこれらは、学校に対する子どもたちの異議申し立てと見ることができないだろうか。現代の学校教育を成立させている種々の常識に疑問を投げかけ、「ノー」と叫んでいるのではないだろうか。それは消極的な異議申し立て、あるいは否定的な形の抗議かもしれない。しかし私たちは、たとえ気が進まなくても、その声にしっかり耳を傾けなくてはならない。

こんな学校ではなくて、教師の管理の代わりに子どもの自己決定を何より大切にし、画一的な学習内容にとらわれないで、子ども一人ひとりの個性を尊重し、知識の伝達よりも具体的な生活や創造を媒介にした学習を重視する学校はないだろうか。子どもの心から自己否定感と自己憎悪を取り除き、生きる喜びと成長する実感を何より大切にする学校はないだろうか。このような問題意識から学校教育を考えるとき、やはり最初に思い当たるのがニイルのサマーヒル・スクールである。

3　サマーヒル・スクールの実験
――自由学校のモデル――

A. S. ニイル

こうちょうのほりさんは、いつもほりじーといわれて、ばかにされています。ほりさんのとくいなのはこうじです。ほりじーは「いちばんびんぼう」とうわさされています。（ささくらしょうたろう、六歳）

1　世界でいちばん自由な学校

(1)　校長がニワトリ泥棒に入る!?

「家族から悔い改めのコンプレックスを植えつけられたのが原因で盗みをはたらく男の子がいた。……ある夜のこと、私はこの子のベッドへ行って小さい声でささやいた。『ねえ、ボブ、あのね、お隣りへ行って、ニワトリを少し盗んでこようと思うんだ。手伝ってくれないかい？』

ボブはびっくり仰天してしまった。信じられないという目つきだ。しかし懐中電灯を持たせ塀を乗り越えると、この子はすっかり興奮してしまった。私たちはニワトリを四羽盗み出すと、学校の鶏舎へ首尾よく入れることができた。もっとも、ニワトリたちは次の朝ただちに塀を越えて逃げ帰ってしまった。」（ニイル『問題の親』黎明書房、二〇三ページ。）

校長が生徒を誘って隣家へ泥棒に入る。このとんでもない校長がニイルだ。彼は、内面に問題を抱えた子の心理治療として、このほかにも大胆なやり方を試みている。破壊癖の子と共に窓ガラスを割る、盗癖の子にほうびを与えるなど、常識では考えられない。そもそもサマーヒルの生活と教育は、普通の学校のそれとはまるで違うのだ。

1（出欠自由の授業）子どもたちは、授業への出席を強制されない。時間割はしっかりできているが、教室に出る出ないは子どもの自由である。

2（自治）自治が徹底している。経営と安全衛生以外のほとんどの問題が、全校集会で話し合われ決められる。子どもと大人の資格は対等だ。採決では五歳の子も校長と同じ一票を持っている。

3（権威主義の否定）子どもたちは、大人と話す時にミスターやミセスをつけない。ファースト・ネームや愛称で呼ぶ。大人は、経験や知識は豊かだが、かといって子どもよりも高い地位の存在だとは見られていない。

4（創作活動の重視）教育内容では、いわゆる教科学習よりも創作活動や表現活動に重きが置かれている。工作室と美術室は、授業時間中はいつも開いている。どの子も自由に出入りして制作できる。

授業への出欠の自由、徹底した自治、非権威主義的な人間関係、創作表現活動の重視、そして子どもの内面への共感にもとづく対応。これらがサマーヒルの教育のきわだった特徴だ。普通の学校のやり方とはまるで違っている。しかも授業への出席が強制されないのに、子どもたちの学力は、イギリスの同年齢の生徒の平均学力よりも高い。卒業生たちも立派に社会的適応を果たしている（堀真一郎『ニイルと自由の子どもたち』黎明書房、第5章）。

(2) 問題の子どもの教育解除

「困った子というのは、実は不幸な子である。彼は自分自身とたたかっている。その結果、まわりの世界とたたかうのだ。」（ニイル『問題の子ども』黎明書房、三ページ）

ニイルの大胆なやり方は、奇をてらったわけでもないし、人気取りのためでもない。盗み、破壊、弱い者いじめ、ウソ、白昼夢などの問題行動を示す子は、けっして悪い子ではない。むしろ愛と同情の必要な子どもである。「自分自身とたたかう」とは、無意識の深層で、本来の自己と、外から押し付けられ内面化された「超自我」という二つの部分が、解決しがたい葛藤状態にあるという意味だ。問題の子どもの内面には、「〜したい」という素朴で力強い欲求と、「汝〜すべし」という理想や「〜してはならない」という禁止とが戦争状態にある。それがさまざまな問題行動をひき起こす。たとえ表面化していなくても、子どもは、自分自身も気付かぬままに、禁止を破ったという自責の念や、与えられた理想に到達できないという不安や自己嫌悪にさいなまれている。だからこの理想や禁止から子どもを解放しよう。そして自由な共同生活の中で、子どもたち自身が自分の超自我を再形成するのを援助しよう。これがサマーヒル学園を創立したニイルのモットーである。

「私の仕事は、子どもを相手にする仕事だ。しかしその子どもは、ムチにたいする恐怖や主への恐れによって善を教え込まれた子どもである。私の仕事は消極的な仕事である。というのも、それは教育解除つまり教育を受けた者からその教育を取り去る仕事だからだ。」(『問題の子ども』一〇ページ)

つまり無用の禁止や高すぎる理想から生じた罪の意識や不安から、子どもを自由にしようというのだ。ボブは「自分は罪びとだ」という思いに苦しんでいた。そこで無意識のうちに盗みを繰り返し、神に懺悔して赦しと心の平安を得ようとした。父親によるきびしいしつけが、かえって盗みを助長したわけだ。校長という地位にある者は、学校においては父親の象徴である。ニイルは一緒に盗みをはたらいて、この子を内心の恐ろしい父親像から解放しようとしたのだ。

とはいってもニイルは、子どもの心理的解放を究極の教育理想としていたわけではない。

「人がすべての因習と迷信と偽善から解放されたとき、そのとき初めて教育のある人間になったといえるのだ。」(ニイル『クビになった教師』黎明書房、四七ページ)

ニイルにとって教育の根本目的は、伝統的な世界観による束縛から解放され、みずからの道をみずからの判断で歩む態度と力を持つ、という意味での自由な人間であった。子どもの内面の戦争状態は、こうした自由な人間への成長を妨げる最大の障害となっている。授業に出る出ないの自由、徹底した自治、心理的に対等の人間関係、創作や表現の重視、そして大胆な心理的取り扱いは、子どもを内心の権威や自己憎悪から解放し、「生きることは素晴らしい」という喜びに満ち、自発的に生きる人間への成長を援助するための実践原則である。

ニイルから学ぶというのは、なかなか大変だ。サマーヒルの実践の一部を真似てみる、といった程度ではすまない。教育観や児童観の全体が問われるからだ。自己変革を迫られるといってもよい。子どもから「○○さん」と呼ばれるのに抵抗を感じる人や、「学力」といえば教科書や九九を連想する人には、ずいぶんつらい自己変革である。ましてや内心に自己憎悪を秘めた人にはむずかしいだろう。

2　ニイルの影響を受けた人々

(1)　フリースクール運動とニイル

「もし、今日の我が国の子どもたちが、学校において以前の子どもよりも幾らかなりと幸福であるとすれば、それは、この変わったスコットランド人教育家によるところが多い。」

一九七三年九月二三日、ニイルが九〇年に近い生涯を終えた時、翌日の「ロンドン・タイムズ」はこのように報じた。ニイルは、経済的困難に加えて、さまざまな誤解や非難に悩まされた。しかしどんなに財政的に苦しくても、また子どもたちの問題行動に困らされても、あるいは心ない中傷にさらされても、「自分自身の生き方をする自由」という基本原則を曲げなかった。そして半世紀以上にわたってサマーヒルの経営に専念し、いつの時代にも少なからぬ人々に、ヒントと励ましを与え続けたのだ。一九六〇年代以降の英米のフリースクール運動は、「サマーヒルをすべての子どもに」という運動でもある。また公立学校では、柔軟なカリキュラムや非権威的な人間関係を特徴とするオープンプラン・スクールがふえているが、ここにもかなりの影響を与えた。「タイムズ紙」の記事は、ニイルの業績が、急進的な教育家の間だけではなく、広くイギリス全体でも正当に評価されていることを示している。

ニイルの著作は世界の二十数カ国で翻訳されているが、英米のフリースクール運動、特に一九六〇年代から七〇年代の白人中流階級の教育改革運動に与えたニイルの影響は、きわめて大きいものがあった。例えばコロンビア大学のクレミン（Cremin L. A）は、アメリカにおいて新しい進歩主義運動が誕生した正確な日付は、一九六〇年のニイルの『人間育成の基礎』（*Summerhill——A Radical Approach to Child Rearing*, New York, Hart）の出版であったと述べている。

「新しい運動は、いくつかの『サマーヒル協会』の設立と、全国あちこちのサマーヒル式の学校の出現とともにゆっくりと走り出した。そして一九六〇年代の後半に、ジョン・ホールト、ハーバート・コール、ジョージ・デニスン、ジョナサン・コゾル等の著作によって燃料を与えられ、しだいに勢いを増していった。そしていろいろなタイプの児童中心主義の学校となって、その姿を現した。」（Cremin, L. A.: The Free School Movement - A Perspective, *Education Today*, Sept. -Oct. 1974, p. 72）

同じコロンビア大学のラヴィッチ（Ravitch, D.）も、「フリースクール運動は、サマーヒル方式の諸原則によって生気を吹き込まれた」と述べている。またいくつものフリースクールの実態を調べ、『子どもを解放せよ』を著したグローバード（Graubard, A.）も、ニイルを「フリースクールの祖父」と呼び、「ニイルの〝自由〟や〝自由な子ども〟という概念は、多くの新しい学校の中心的仮説の重要な部分となっていることは確かであり、明白だ」と書いている（*Free the Children*, 1972, Vintage, p. 11）。

イギリスでは、一九七四年に「A・S・ニイル・トラスト」というグループが組織されたが、この名称には、ラジカルな教育改革をめざす人々の間で、ニイルがどのような位置を占めているかが象徴的に現れている。これはサマーヒルの後援会ではない。国内の先進的な試みに対して資金援助を与えること、また情報交換や研修のための活動をすすめることを目的としている。この人たちがニイルの名を冠したのは、次の二つの理由のためだ。

1　ニイルの業績に対して敬意を表すため。

2　自分たちの理念を最も端的に示すため。

もっともこの団体は、八〇年代に入ると、英国経済の不況のために活動を停止してしまった。フリースクールやラジカルな試みに対する寄付金が集まらなくなったからだ。

(2)　ニイルに学ぶこととサマーヒルの真似をすること

ニイルは、イギリス、アメリカ、そしてドイツの六〇年代以降の急進的な教育改革家に大きなインパクトを与えた。しかし、これらの新しい学校も、そのすべてがサマーヒルのコピーであったわけではない。イギリスにおいてもアメリカにおいても、これらの学校は、さまざまな理論や先駆的業績から示唆を受け、具体的実践においてそれらを生かしているからだ。またその設立者や教師集団の経歴、個性、好みや、学校の自然的・社会的環境等の違いによって、カリキュラムや指導方針は異なってくる。異なって当然であり、その方がより創造的で生気のある教育が展開されることになる。

これは、ニイルから直接に最も強く影響を受け、そのことを明言している教育家にもいえることだ。彼らは、サマーヒルの基本原則を自分の学校の諸条件に合わせて修正するだけでなく、サマーヒルにはない（あるいは不十分な）原則の導入にもためらわない。もちろんニイル自身も、これらの人たちに「私の弟子となってサマーヒルを模倣してはならない」と戒めている。

その中で私が最も注目したいのは、学習または授業の進め方の問題だ。たしかにサマーヒルでも、授業は時間割に従ってきちんと進められている。そして私の調べたところでは、卒業生の学力も、普通の公立学校の場合に比べてけっして低くはない。上級学校への進学率も、またいわゆる知的専門職に従事している卒業生の比率も高い。しかし残念なことに、サマーヒルの授業は、必ずしも伝統的な学問中心主義の教授法の枠を出ているとはいえないのだ。この学校の元数学教師ヘミングズ（Hemmings, R.）は、「サマーヒルでは授業に出る出ないの自由はある。しかし、たいていの授業は、本質的に教師中心的であって、教室の中では何をどのように学ぶかの自由はあまりない」と反省している（*Fifty Years of Freedom*, Allen and Unwin, 1972, pp. 190-191）。私自身も、何回かのサマーヒル滞在中にこのことを痛感した。ひとことでいえば、子どもたちの知性を刺激し、知る喜びを味わわせるような知的探求としての学習経験が量的にも少なく、計画性にも欠けるのである。

ニイルから大きな刺激と多くの示唆を受け、みずからの学校を創立して成果をあげた人の多くが、この点にかんしては不満を抱き、自分自身の学校では積極的に独自の方式を工夫している。そして、この人たちに共通しているのは、書物や間接経験による学習よりも、実生活の具体的な問題への取り組みを通して展開される総合学習である。以下に代表的な例を紹介しよう。

(3) キルクハニティ・ハウス・スクール（Kilquhanity House School）

これはジョン・エッケンヘッド（Aitkenhead, J. M.）によって、一九四〇年にスコットランド南部の寒村に設立された小さな寄宿学校である。六〇年代以降の教育運動にもかなり大きな刺激を与えた。

エッケンヘッドは、ニイルから受けた影響について、「私はニイルの思想に食い付いて、釣り竿も、釣り糸も、釣り針も、そして重りもみんな飲み込んでしまった」と述懐している。じっさい彼の学校は、組織面でも生活面でも、サマーヒルを唯一のモデルとしている。また彼は「スコットランドのニイル」と呼ばれるのを誇りにしている。ニイル自身もスコットランドの出身なのだが、彼には故国で寄宿制の自由学校を設立する見通しが立てられなかったのだ。

スコットランドにもサマーヒルのような素敵な学校がある。ニイルと同じくらい個性の強い人が、サマーヒルよりもっと小さな学校をやっているらしい。私が、こんなふうにキルクハニティの存在を知ったのは、まだ二〇代の前半のことだ。修士論文を書くために、イギリスの進歩主義の学校についての文献をあさっていた頃である。その文献の一つにジョン校長の論文が載っていた。そして、その主旨に私はすっかりしびれてしまった。


「キルクハニティは、戦争の産物である。私は考えた。

戦争は憎しみの時代である。だから私は愛に基礎を置く学校をつくろう。

戦争は破壊の時代である。だから私は創造を中心にした学校をつくろう。

戦争は国家主義の時代である。だから私は国際主義の学校をつくろう。

人々は私に、戦争が終わるまで待てという。しかし戦争の時代だからこそ、こんな学校をつくらねばならない。」


ジョン・エッケンヘッドは、徹底した平和主義者だ。第二次大戦の間は、地元の住民から売国奴とののしられたり、待ち伏せされて袋叩きに遭ったりした。それでも彼は、頑として国際主義と良心的兵役拒否を貫いた。私たちは、一九八八年と一九九四年にジョン校長夫妻を日本に招いた。八八年の時には、長崎の原爆資料館に案内したことがある。二人は、一つ一つの写真に食い入るように、そしてうっすらと涙を浮かべながら見入っていた。その姿を私はいつまでも忘れないだろう。

私が初めてキルクハニティを訪ねたのは一九七二年の夏だ。ロンドン大学の夏期講座の途中で、スコットランドまで足を伸ばしたのである。学園は夏休みに入っていた。子どもは一人もいなかった。しかし、私はその学園の雰囲気と、ジョン自身の人柄に強く心を惹かれた。彼は、最寄りのダンフリーズの駅まで車で送ってくれたのだが、その時こんなことをいった。

「ねえ、シンイチロウ。私はニイルより三〇歳年下だ。君は、私よりだいたい三〇歳年下だ。ニイルは学校をつくった。私も学校をつくった。君もつくるかい。」

私は、あまり深く考えないで、「もちろん」と答えてしまった。それから何度この学校を訪ねたことだろう。二〇回近くにはなるはずだ。そのたびにこの時のやりとりを思い出したものだ。ジョンも覚えていてくれた。そして学校づくりが現実となったのを、彼はわがことのように喜んでくれている。

私はこの学校が好きだ。その理由は、ニイルの影響を受けて「スコットランドにもサマーヒルを」と願ってつくられた学校だからである。そして、そのサマーヒルでは十分とはいえないところを補っているからだ。サマーヒルとキルクハニティは、次のような実践上の共通点を持っている。

① 授業への出席を強制しない。
② 全校集会が大切にされ、子どもと大人が対等の立場で参加する。
③ 子どもと大人の間に心理的な壁がない。ファーストネームで呼び合う。

④　罰、特に体罰がない。
⑤　芸術（音楽、工作、劇、ダンス等）が重視されている。
⑥　宗教教育をしない。
⑦　田舎または小さな町の郊外の小規模な寄宿制の私立学校である。

これらは、きのくににも共通する大事な特徴だ。しかし、きのくにとキルクハニティでは、デューイの「為すことによって学ぶ」（learn by doing）という考え方が、学習や活動の中心にすえられている。書物をつかって知識を吸収するというより、むしろ手や体をつかって実際的な問題を解決しながら、自分自身で知識を創造することを大切にする。

私が初めて訪ねた頃、キルクハニティでは農業、つまり畑仕事と家畜の飼育が、工作や美術と並んで学校生活の中心にあった。私にとって、この学校の一番の魅力は、実はこのところなのだ。先に指摘したように、サマーヒルでは、授業に出る出ないは完全に子どもの自由である。しかし、その中身はかなり普通の学校のやり方に近いものが多い。私は、ニイルの書物に出会うよりも前に、デューイにも心を惹かれていたのだが、この学校こそは、二人の巨人の仕事を統一するものだと思われたのだ。

ここでは、学習は原則として生活や体験を通して進められていた。特に工作、美術、裁縫、料理、農業、酪農、やきものなどが大きなウエイトを占めているのだ。時には校舎の建設や自作自演の曲のレコードの制作でさえ、通常の学習の一環としておこなわれる。英語にしても、綴りの練習や鑑賞よりも、自作のエッセイや詩を印刷して製本することを通して学ぶ。さらに雑用も含めて学園内のさまざまな仕事を子どもたちが分担しておこなう。「生活そのものが学習」という観点に立っている。

ついでにいうと、キルクハニティは数年前に寄宿制から通学制に変わった。そして、その時に農場も閉鎖されてしまった。寮は再開されたが、農場は閉ざされたままだ。私にとっては、これが今のキルクハニティでいちばん残念なことだ。しかし、ジョン校長は「必ず再開する」といい、ウシやブタやニワトリのいる学校にしたいと願っている。しかし彼ももう八七歳だ。一九九七年の夏に学校は閉鎖されることになった。三〇年近くジョン校長を助けたリチャード夫妻が中心になって、新しい学校として再出発する準備がすすめられている。

私は確信している。ジョン・エッケンヘッドは、教育史に名の残るべき偉大な教育家である。彼の仕事はもっと広く知られなければならない。そして彼の仕事は、後継者によって長く引き継がれなければならない。

(4) ライジングヒル・スクール (Risinghill School)

これは、英国労働党の教育政策にしたがって一九六〇年にロンドンに設立された最初の総合制中学《コンプリヘンシブスクール》である。校長として任命されたのは、ニイルの良き理解者の一人マイケル・ドゥエイン (Duane, M.) だ。彼は、初めてサマーヒルの全校集会を見学した時の様子を次のように記している。

「私は、自分がもうすでに何べんもこのミーティングに出席したことがあるような気分になっていた。なにしろニイルの書いた本は、一冊のこらず読んでいたのだから。もうひとつ私が感じたことは、心の奥底を揺さぶるようなショック、とでもいうよりほかはないものである。つまり、それまでの私は、自分の進む道がぼんやりとかすんでしか見えないことにいらだちを覚えていたのだが、この時突然、すべてをはっきりと見抜く力を与えられたような気がしたのだ。」（堀真一郎編著『自由を子どもに』文化書房博文社、一九八五年、三六一ページ）

その後、彼はいくつかの公立校の校長として、サマーヒルの諸原則をできるだけ生かした実践に取り組み、やがてR・F・マッケンジー（Mackenzie, R. F.）と共に「公立学校のニイル」と呼ばれることになる。ライジングヒルは、ロンドンの窮乏地域にあって、生徒数も一〇〇〇人を超す公立の大規模校であった。しかも生徒の多くは、学業にまったく意欲をなくしていたし、保護観察中の者も一〇〇人近くあったという。ドゥエインは、教師たちの抵抗に遭いながらも、体罰と退学制度の廃止、自治の奨励などの方針を導入し、わずか五年間で非行を数分の一に激減させた。また具体的な問題に即しての学習、討論、作業を重んじた。さらに学習の場を校内に限定せずに、地域社会のさまざまな課題に生徒の目を向けさせ、それによって学習への興味と関心を喚起した。その結果、学力検定試験（ＧＣＥ）の合格者も、開校当初のわずか五名から五年後には四〇名にふえた。彼は、また保護者や地域住民との交流を大切にし、学校にコミュニティ・センターの役割を果たさせようとして、地域の多くの人から支持を得た。彼は、私に対して、こうした学習指導やカリキュラムについては、デューイの経験主義の教育論から多くの示唆を得た、と語っている。

もっともドゥエインの大胆な試みは、大きな成果をあげたにもかかわらず、権威主義から抜け切れない教師たちの造反に遭い、それが原因で教師間に深刻な対立が生じた。そして学校はまもなく閉鎖されてしまった。いくつかの中学校を再編成するため、というのが表向きの口実であった。だれもそれを信じる人はいない。その後、彼はロンドン大学の講師となり、前述のニイル・トラストや体罰禁止運動などを舞台に、さまざまなオルタナティヴな実験を精力的にすすめたり援助したりしたが、今年（一九九七年）の一月に他界した。八一歳であった。

「もし再び学校を任されるとしたら、何にいちばん気を付けるか。」

この私の問いに、ドゥエインは次のように答えている。

「もちろん教師の選任だ。私の考えに賛同してくれる教師を選ぶ。ライジングヒルでは、それができなかった。もっとも、私がもう一度生まれ変わったとしても教師にはならない。政治家になって、もっと大きな力を振るって、教育制度そのものを変えるつもりだ。」

(5) クロンララ・スクール（Clonlara School）

これは、パット・モンゴメリー（Montgomery, P.）が、自分の二人の子どものために、アメリカのミシガン州で一九六七年に開設した通学制の学校だ。彼女は、一九七九年に「全米オルタナティヴ・コミュニティ・スクール連合」が結成された時も、その中心メンバーとして活躍した。この学校のモデルは、やはりニイルのサマーヒルである。彼女はニイルとの出会いについて、「私のプライベートな生活においても、クロンララの教師・校長としての仕事においても、ニイルほど私に励ましとインスピレーションを与えてくれた人は、あとにも先にも一人もありません」と述べている（堀編著、前掲書）。

しかしながらモンゴメリーもまた、学習についてはニイルとは違ったアプローチをとる。遊びと体を使っての作業の意義を重くみているのである。彼女の学園には低年齢の子どもが多い（二歳半－一四歳）ということも、その理由の一つかもしれない。

「(遊びを重視するのは) 遊びをつうじて、自由で、尽きることのない知識が次から次へとわき出てくるからです。遊びはそれ自体が学習になります。遊びの中で、知識の勉強だけでなく、学問的な、社会的な、感情的な、精神的な勉強が行なわれるのです。」(堀編著、前掲書、七八ページ)

ニイルも、ことあるごとに「子ども時代は遊び時代」と述べ、遊びの意義を強調している。しかしあとで触れるように、彼においては、遊びと学習は別個のもの、あるいは対立するものと見られている。存分に遊んだ後に学習が来るべきだというのである。モンゴメリーの場合は、遊び、およびその発展した形態である作業と学習とは質的に同一である、という見解に立つ。つまり彼女は、遊びや作業と学習とを統一的にとらえる。デューイの「為すことによって学ぶ」という理論に立つのだ。じっさい彼女は大沼安史とのインタビューに、彼女たちの運動は新しい進歩主義教育であり、デューイを蘇えらせる運動である、と答えている(大沼安史『教育に強制はいらない』一光社、一九八二年、九六ページ)。

ついでにいうと、パット・モンゴメリーは、日本に二度訪れている。日本の学校は好きになれなかったが、日本酒はすっかり気に入ったようだ。

アメリカのフリースクール運動の主だった人の中には、デューイの実験主義(経験主義)の教育思想に共鳴する者が少なくない。一九六四年にニューヨークでファースト・ストリート校(First Street School)を創設し、その後のフリースクール運動の先駆けとなったデニスン(Dennison G.)も、ニイルの思想と実践から多くを学んだ一人だ。その彼も、次のように自分の仕事におけるデューイの教育論の位置について整理している。

「私はこれまでにニイルとトルストイの学校について詳細に述べてきたが、デューイの哲学についてはあまり触れてこなかった。しかし私が記してきた方法や理念のもっとも奥深くにあるのは、まさに彼の思想なのだ。」(*The Lives of Children*, 1969, Penguin, p. 197)

以上、ニイルの影響を強く受けた四人の教育家について紹介した。彼らに共通していえるのは、デューイの影響のもとに、遊びや作業や実際生活と学習とを統一的にとらえていることだ。彼らは、サマーヒルの大原則である「自分自身の生活をする自由」と並んで、いやむしろ、それを保障するために、具体的な生活の中に、遊びであり作業であり、そして同時に学習であるような活動を準備しようとしたのである。

(6) ニイルの学習観を見直す

ヘミングズの指摘するように、そして私自身の観察から判断しても、サマーヒルの授業には、本質的に伝統的な教師主導型のものが少なくない。ニイルは、自由人を育てる教育の中心目標は、解放された感情、または自由な感情であると主張し、そのための学校をつくった。しかし残念なことに彼は、新しい教授法の導入については、はなはだ消極的であった。彼は「学習」の概念を狭く理解していて、しばしば無意識の感情の自由な表出としての「創造」に対立するものととらえていたのだ。

「今日の教育は、過去のものを蓄積すること (accumulation from the past ages) である。これは教育 (education) ではない。学習 (learning) である。今日の教育はそもそも知的 (intellectual) である。創造 (create) するというよりも、獲得 (acquire) することである。」(『問題の親』九四ページ)

「創造（creation）は無意識に属する。そして、もし私たちが自分自身であろうとするなら、無意識はみずからを表出するためのすべての自由を与えられなければならない。もしこういう見解を受け入れるなら、学校の教科（school subjects）などというものは、たんにわずらわしいもの、どうでもいいものと見られるはずだ。……今日のように、教科の学習をする制度のもとでは、無意識は、いつまでも原始的なままに残される。頭（head）は発達するが、心（heart）は衰弱する。」（同九八ページ）

「私のいいたいのは、不自由な教育を受ければ、人生（life）を存分に生き抜くことができないということだ。そのような教育は、生命の感情的側面（emotions）をほとんど完全に無視する。しかしこの感情面というのはダイナミックなものであって、なくしてしまうわけにはいかない。だから感情の表出の機会が奪われると、安っぽいもの、醜いもの、そして憎しみ（hatefulness）に満ちたものが結果として現れてくる。現代の教育が対象としているのは頭（head）だけである。しかし感情面（emotions）が自由であるなら、知性（intellect）はひとりでに発達するだろう。」（ニイル『自由な子ども』黎明書房、三七ページ）

「私は、学習を非難しているわけではない。学習は遊びの後にくるべきだ、そして子どもの口に合うように遊びによって味つけをすべきではない、といっているのだ。」（同一〇五ページ）

以上を要約すると、ニイルは学習や創造を次のような対立する図式でとらえているといってよい。

「貯め込む、獲得する←→創造する」

「頭脳←→心」

「意識←→無意識」

「知性⟷感情（情緒）」
「学科目⟷遊び、創造」
「学習⟷教育」

ニイルにおいては「学習」とは、過去の知識や技能が伝達されることであり、意識や知性だけにかかわる活動である。それは、児童期においては、教育の中心にすえられるべきものではない。むしろ無意識面の表出としての遊びと創造に道を譲るべきだというのである。創造とは具体的には、木工、美術、音楽、ダンス、ドラマなどだ。

ニイルは、授業《レッスン》の改良にはほとんど関心を抱かなかったし、力を入れることもしなかった。「読み書き算」など実生活で必要な最小限の知識と技能を身に付ければ十分だと考えたのである。ニイルが「サマーヒルは書物に最も重きを置いていない学校である」とか、「子ども時代にあっては学習はスリーアールズに限るべきだ」と繰り返すのは、以上のような学習観に立つからだ。あえていえばニイルは、既存の学校でおこなわれている教師中心の授業の弊害を避けるために、授業の改善あるいは新しい方法の創造という道をとらないで、むしろ授業のウエイトを減らすという道、そしてそれを拒否する自由を認める、という道を選んだといってもよい。

しかしながら前記の四名、つまりニイルから直接に、そして強い影響を受けて自分自身の学校を設立したり運営したりしたエッケンヘッド、ドゥエイン、モンゴメリー、デニスンらは、こうした学習観に飽き足らないものを感じたのだろう。彼らは、「獲得」と同時に「創造」である学習、つまり自由な知性と解放された感情の両方をあげて取り組み、遊びや仕事がそのまま学習であるような知的経験を、子どもたちのために用意しようとした。彼らは、互いに連絡を取り合ったわけではない。それにもかかわらず、それぞれデューイの教育論に学んで、具体的な体験の積み重ねの中で学習を繰り広げる機会を提供したのである。

じつはニイル自身も、社会的発達の面では一貫して体験を媒介とする教育をおこなったのだ。なぜなら彼は、対人関係や社会人としての行動の仕方にかんする教育を、実際的な、そして徹底した自治という形ですすめたのだから。教育を「教授（陶冶）」と「訓育」の二つの機能に分けるとすれば、サマーヒルは訓育面では、ことばや文字によって価値観や行動様式を伝える道徳教育、つまり抽象的な徳目主義を退ける、という方針を貫いてきた。子ども自身が体験をとおして、ものの見方や共に生きる術を形成するのを援助してきたのである。いうまでもなく、この基本方針は、エッケンヘッドたちによっても忠実に踏襲されている。モンゴメリーのごときはもっと徹底させて、教師の採用にまで生徒の意思を反映させているくらいだ。

以上をまとめてみよう。ニイルの先駆的な自由教育は、一九六〇年代以降の英米のフリースクール運動に大きな影響を及ぼした。その基本原理は多くの急進的学校に取り入れられていった。しかしながら、これらの人々は、サマーヒルでは「体験から学ぶ」という原則が学習指導の領域にも徹底されていないことに不満を抱いていた。そしてデューイの実験主義の教育理論を参考に、農業、大工仕事、印刷、裁縫、食事づくり、そして地域活動など、さまざまな作業や実際的な仕事を教育内容の中心に置いたのだ。

▲マイケル・ドゥエイン氏と著者

ジョン・エッケンヘッド氏▼

▼ジョン校長夫妻を囲んで

4　学校の常識を見直す

——自由学校の基本原則——

> きのくには、いい学校だとおもった。その理由は、①宿題がない。②おやつがある。③べんきょうが一年からでもやりなおせる。④おやつなどをつくれる。⑤大きな工事ができる。
> （かねのてつや、一〇歳）

1　自己決定の原則

(1)　発想を逆転させる

先に指摘したように、これまでの学校教育は、いくつもの常識にしばられてきた。その結果、自由な発想にもとづいた改革がむずかしくなっている。これらの常識をまとめて整理すると、おおよそ次の三つの原則になるといってよいだろう。

1　教師中心主義…大人がすべてを決める。子どもは従う。
2　画一主義……学校は均質的なモノの生産工場のようになっている。
3　書物中心主義…知識の記憶量によって製品の品質判定をする。
私たちは、ニイルや彼の影響を受けて学校を始めた人たちの実践に学び、しかも、わが国の社会的・政治的状況や自然環境を考慮に入れながら、これらの原則をその反対方向へ向け変え、新しいタイプの学校をつくろうと考えた。
1　自己決定……「授業に出る出ないの自由」に象徴されるように、思い切って子どもの意思を尊重し、彼らの内からの成長を信頼する。
2　個性尊重または個性化……個別学習や小グループ学習を柔軟に組み合わせて活動を多様化する。また、体系化された教材よりも、一人ひとりの子どもの心理面に目を向け、これを尊重する。
3　体験学習……農業、大工仕事、印刷、裁縫、食事づくり、そして地域活動など、さまざまな実際的な仕事を教育内容の中心にすえ、創造的な思考の態度と能力を伸ばす。さらに自治や共同生活を通して社会生活の術をはぐくむ。
以下、それぞれの原則について少し詳しく検討してみよう。

(2)　自己決定の意味

私たちは、自由ということばをしばしば「自己決定」ということばで置き換えてきた。それは、子どもの行動や思考面での自由、つまり活動の選択、発想と判断、そして検証と評価といった面における自由をもっとはっきりと表すためだ。類似のことばとして、自発性、自主性、自立性、自律性、主体性などがあるが、これらはいずれも行動や思考の仕方というよりも、むしろ教育やしつけの成果としての性格やパーソナリティ特性を表すのが普通である。ここでいう自己決定の原則とは、実際生活における自発的な行動の原則、あるいは「思考や意思決定における自発性の原則」といいかえることができるだろう。

なお最近よく「自己教育力」(self-educability)ということばが使われる。これは、お茶の水女子大の河野重男教授の定義によれば、これからの変動し、生涯にわたって学習が必要となる社会にあって、「どんな変化が起きても、その変化に主体的に対応して生き抜いていける、そういう能力、態度」である(河野重男、梶田叡一「対談・子どもの自己教育力を高める」『児童心理』金子書房、一九八八年七月号、二ページ)。

これは、自分自身の生き方をする態度と能力を育てようとするニイルの教育理想とかなり重なるといってよいだろう。ところが河野氏はこの態度と能力の中身として、

1 「旺盛な学習意欲と最後までやり遂げるという意思の力(特に後者)」

2 「学習の仕方をキチンと習得していること」

3 「体験的学習」

の三つをあげている。残念ながら、「学習意欲」や「学習の仕方をキチンと」という表現から容易にうかがえるように、ここでいう自己教育力は狭く理解されている。つまり現存の学校において、児童や生徒としての子どもが、大人からあらかじめ用意された授業内容を進んで学ぼうとする態度や能力、とい

う意味に矮小化されている。それに対してニイルは、「自由な子ども」という理想を掲げ、「自分自身の生き方をする自由」をそのための根本原則とした。そして「自由な子ども（あるいは人間）」への成長にとって、感情面（無意識）の解放が何より大切だと考えたのである。そのためには、まず第一に、幼少期から蓄積された権威に対する恐怖から子どもを自由にしなくてはいけないと主張したのだ。そしてさらに自己決定の生活の積み重ねを通して、自分自身のものの見方をつくっていく子どもを育てようとしたのである。こういう子どもは、権威にすがったり、伝統的なものの見方や世論へと逃避しないで、自分自身の目でものを見たり、みずからの仮説や判断を大切にするだろう。そして誤りや失敗があっても、落ち込んだり他人を恨んだり、ヤケクソになったりしないで、またやり直すだろう。自由な子どもとは、そのような、たくましくて、しなやかな子どもである。

(3) 教師の役割と権威

ところで自己決定の原則について考える時、第一に問題になるのは、教師の指導性である。気を付けなくてはいけないのは、子ども自身の選択、発想、判断などを尊重するからといって、教師の指導性を放棄するわけではないということだ。むしろその正反対である。教師は、子どもの現在の姿（発達段階、成育歴と学習歴、好み、適性など）をよく理解した上で、彼の知的興味を刺激し、熱中して取り組ませ、結果として確かな力を伸ばすような活動や環境を豊富に、そして周到に準備しなければならない。教師はどんなにがんばっても、直接に子どもを伸ばすことはできない。子どもを伸ばすのは、さまざまな活動や環境である。だから自由学校における教師の指導性は、いわば間接的に発揮される。

ニイルやフリースクールに安易に共鳴する人の中には、「授業への出席を強制しない」と高らかに宣言すれば、それで自由を認めたことになる、と錯覚している人がある。しかし実際は、強制を控えるだけでは、子どもの自由は保障されたとはいえない。知的興味や意欲をそそる活動の用意されていない環境で、「何でも好きなことをしてよい」といわれた子どもは、かえって不自由を感じるだろう。真の自由学校とは、何かをしなくてもよいというだけではなく、むしろ魅力ある活動がふんだんにある学校である。

こんなわけで、理屈の上でも、私たちの経験でも、子どもに認められる自由の程度と、それを保障するために使われる教師の時間やエネルギーとは比例するのだ。

さて、このような学校では、教師に権威が存在しないわけではない。しかし通常の学校の教師の権威とは違っている。そもそも権威とは「人を従わせる力」といってよい。自由な学校の教師は、物理的な力や権力（外的権威）を背景にして従わせたりはしない。人柄、学識、能力のかもしだす権威（内的権威）に自然に子どもが従うのだ。つまり教師は、子どもたちに成長の実感と喜びを味わわせる活動を豊富に用意する。それを通して、いつの間にか権威ができ上がっていく。子どもたちは、相手が教師だから従うのではない。彼が、自分たち子どもの生活を充実させる力を持ち、また実際に充実させてくれると知っているから彼を信頼し、彼が出す必要最低限の要求や助言を受け入れるのである。こういう関係においては、相互の地位が高いか低いかを意識させるための呼称は必要ではなくなる。つまり子どもが教師に「〇〇先生」といわなくてもいっこうにかまわない。むしろ「〇〇さん」と呼んだりニックネームで呼んだりしたほうが、かえってお互いの人間関係も親密になり、その結果、実際の活動や学習もスムーズに進む。

⑷　失敗する権利

次に大事なのは、自己決定を尊重するという原則は、失敗する権利の尊重と自己評価の導入とを含んでいるということだ。まず失敗にかんしていえば、あまりに多くの学校と家庭では、失敗が否定的にみられ、子どもたちは叱責やはずかしめ、そして体罰さえ受けている。しかし失敗や後もどりは、成長の過程で生じる積極的な要素なのだ。大人が子どもに対して、失敗を許さないという態度を取れば、子どもは意欲や「やる気」を失う。そもそも論理的に見ても、子どもの失敗を否定するのは、自己学習を否定するのとほとんど同じといってよい。

さらに自由と責任の問題にも触れておかねばならない。「自由には責任がともなう」。これまでにどれほど多くの子どもが、このことばを聞いて萎縮したことだろう。

「自由にしていいよ。だけど責任は自分で取るんだよ。」

こんなふうに親や教師からいわれたら、子どもたちは、はたして自由の喜びを感じるだろうか。かえって結果に対する叱責や厳しい評価を予想してしまうのではないだろうか。あえていえば「自由には責任がともなう」ということばは、自発性を育てるどころか、むしろ脅しになっているのだ。この事実は、たいていの親や教師にとって、心理的に乗り越えにくい「躓《つまず》きの石」となっている。「子どもを自由にするのは大事だ、しかし、そこには責任が……」といいたくなる人は、早めに自由な学校に憧れるのはあきらめた方がよい。自由な学校をめざし、子どもが育つのを援助したいという人は、逆にこういわなくてはいけない。

「自由にしていいよ。責任は大人がとってあげるから。」

子どもたちは、このようにいってくれる大人が大好きだ。そして、内面の深刻な問題を抱えた子は別とすれば、たいていの子どもは、好きな大人が困るようなことはしない。決してわがままを通そうとしたり、わざと失敗したり、迷惑をかけたりしようとはしない。もっとも、それにもかかわらず彼らは、大人が困ることをたくさんしてしまう。しかし長い時間をかけて、そこから多くを学んでいく。自由な学校とは、そんなふうに子どもを見ることのできる学校である。

ついでにいうと「自発性と自主性は違う」と強調する人もとても多い。最も多いのは「自主性とは、自発性プラス自律性である」という考え方だ。つまり、自分自身から発した行動や思考が、広く認められた道徳性や規範にかなっていなくてはいけないというのだ。これは、たいていの場合、「子ども自身から」というよりも、既成のものの見方からの発想である。大人にとって都合のよい常識の一つなのだ。自由な学校でも、規範や道徳性は存在する。しかし、そこでいちばん大切にされるのは、子どもたちが実験や失敗を通して、あるいは共同生活の中で、子どもと大人が創造していく規範や道徳性である。大人から押し付けられた既成の社会規範ではない。

ところで自己決定を原則とする学習や生活においては、子どもが自発的に（もちろん時には教師の助言を受けて）活動を選択する。この自発的な選択においては、とうぜん子どもの側に目標、すなわち活動の終局についてのはっきりした見通しがなければならない。こうした目標や見通しが十分になければ、自発的な活動や学習は自発的とはいえない。そして活動や学習の途中でおこなわれるにせよ、終局においておこなわれるにせよ、その活動や学習についての評価は、たとえ教師の助言や示唆を受けるとしても、子ども自身がおこなうのがよい。そしてしかも、子どもがそれに納得するのがよい。子どもと教師の評価が食い違った場合でも、教師のそれを押し付けてはいけない。むしろこうした食い違いは、次の活動や学習を喚起するきっかけとして積極的に活用すべきであろう。もっとも、おもしろいことに、教師は「成功」と評価していても、子どもの方では「まだ不満」というようなケースは、よくあることなのだ。

2　個性化の原則

(1) 自己決定と個性尊重

現代の子どもたちは、受験用の知識という唯一の基準によって、判定され選別され序列化されている。彼らは、いつとはなしに、この基準から外れること、つまり人とは違っていることに罪悪感を抱くようになる。しかし、人とは違うというのは、本当は誇りにしてよいことなのだ。

子どもの自己決定を大事にする学校とは、人と同じことをするように強制されない学校、いいかえると活動（学習）を選択する自由を大切にする学校である。教師によって豊富に用意された活動の中から子どもが選択したり、子どもたち自身が発見したり提案したりする。子ども自身の選択や提案を大事にすれば、活動や学習は、内容的にもプロセスの面でも、必然的に多様なものにならないわけにはいかない。つまり学習や活動の多様化と個性化が必要になる。自己決定の原則と活動の多様化の原則とは、理論的にも実際的にも表裏一体であり、どちらも自立した個性ある人間の育成にとって欠くことができない。

もし両者が切り離されると、とんでもない不都合が生じる。たとえば最近「ひとり学び」を標榜する実践が注目されているが、これも、自発的な活動選択や自己評価などと結び付けられていないと、悪しき能力主義に陥りかねない。同じ教材を全員に、しかし「能力」に従って別々に学ばせるというのは、「画一性の中の個別化」にすぎない。こういうタイプの個別化の場合には、学ぶ内容はあらかじめ固定して設定されているし、評価の尺度も一つしかない。どんなに巧妙に細工して子どもが選択したようにみせかけても、主導権は教師の側にあるのだ。

(2) 個性化教育とグループ学習

個性化と浅薄な、あるいは安易な「ひとり学び」とを同一視すると、もう一つの危険が生じる。子ども集団のダイナミックな「学び合い」や「教え合い」の意義が軽視されるのだ。集団による探求(学習)には、例えば問題への敏感さ(気付き)、多角的な視点からの観察、多様な仮説の形成、役割分担による実行と検証など、個別の学習にはない有利な面がいくつもある。個性化の原則は、集団学習とは必ずしも対立したり矛盾したりしないのである。逆にいえば、学習の形が個別化されたからといって、個性化されたとはいえない。世の中には「ひとり学びという形態の画一的な授業」も少なくないのだ。「一人ひとりがみんなと自由に」これは、私たちが学校づくりの途中でつくったパンフレットのタイトルである。私たちの学校における個性化は、「多様性の保障された個別化」でなくてはならない。その活動（学習）形態は、個別のものや小グループによるものが多くなるだろう。しかし同時に、子ども集団の教育力を十分に活用することになるだろう。

ところでドールトン・プランの創始者パーカスト（Parkhurst, H.）は、かつて「自由とは自分に必要なだけの時間をとることだ」と述べた。子どもの選択、発想、判断を尊重しようとするなら、必然的に十分な時間を保障しなければならない。時間に追われながらでは、自由な学習も探求もむずかしい。いうまでもなく「自分に必要なだけの時間」というのは、子ども一人ひとりにとって長さが異なるのだから、柔軟な学習計画と融通のきく時間配分をこころがけねばならない。

さらに、いうまでもないことだが、個性化を大事にすれば、学年や暦年齢によってクラスやグループを固定化するわけにはいかない。学年や暦年齢は、活動準備や環境構成の際の一応の目安となるにすぎない。したがって私たちの構想する学校の主な活動は、無学年制でおこなわれることになる。

また評価も、自己評価に重きを置くだけでなく、個別評価を中心にしておこなわれる。ただ一つの尺度によって序列をつけるのではなく、一人ひとりの成長が評価され記録されることになる。したがって通常の通知表はない。五段階評価などはおこなわれない。

(3)　個性化教育とは自由教育である

ところで、個性化とか個性尊重とかいうのは今日の教育界における流行語の一つである。しかし子どもの心理面に注目した議論は意外に少ない。個性化をうたう人たちの中には、教材や指導の個別化にばかり気をとられている傾向は見られないだろうか。これは、下手をすると新たな管理教育に陥りかねない。子どもの個性を尊重しようというのであれば、どうしても「自分自身の生き方をする自由」を認め、その成長を援助しなくてはいけないだろう。個性化教育とは、子どもが自由な人間になるためのお手伝いなのだ。ニイルは、教師のこの役割について次のようにいう。

「人生についての究極的な回答が見出せない私に、子どもを教育するなどということが許されるだろうか。私にできるのは、子どものかたわらに立ち、子どもが内から発達する自由を与えることだけである。私には、子どもたちがどこに向かって進んでいくのかわからない。だからこそ、子どもたちの歩みを導こうとすべきではないと考える。権威を捨てよ、という私の持論の究極的な理由もそこにある。」（『クビになった教師』一九八ページ）

ニイルにとって個性とは「内から発達するその子自身」といってもよい。これと同じ意味での個性を尊重しようとする教師には、ニイルと同じような謙虚さが絶対に必要だ。教師は個性を育てるのではない。個性が内から育っていくのを援助するのだ。「この子の個性はこうだ。だからこんな活動や学習をすべきだ」とはいえない。子どもの興味を観察し、心理的なニーズを推量して、妥当と思われる活動や学習の環境を整備するほかはない。したがって個性化教育は、内容的にも形式的にも自由教育にならざるを得ない。教師主導の個性化教育というものは、論理的にありえない。それは「真っ白な黒」というのと同じである。

「個性に合わせて」という言い方がある。あるいは「その子の本当の個性を伸ばす」という表現をする人もある。これは、子どもの個性の実態を明確にとらえられるという前提に立った言い方だ。しかし個性を右のように「自分自身になる自由」というように理解するなら、個性全体の客観的な把握は、たぶんできないだろう。体つきとか、読み書きの力とか、思考方法の特徴とかいう側面に分解し、しかも、教師に都合のよい枠組みにあてはめて理解することはできるかもしれない。そうして得られた情報の総和が、その人の個性だという人もあるだろう。しかし個性とは、いくつもの部分に分割できない（in-divid-ual）全体としての人間（a whole man）の姿である。個性は安易な理解を許さないのだ。もちろん、だからといって悲観する必要はない。むしろかえって「どんな個性の子でも尊敬する」という積極的な姿勢が、教師や親の側に生まれるからだ。

「個性豊かな子どもを育てる」といういい方の危険性にも触れておかねばならない。個性豊かな子どもとは、いったい何が豊かな子どものことなのだろう。豊かか、それとも豊かでないかは、だれが判断するのだろう。そして、「個性の豊かな子」とは、特別の能力を持つ子だ、という暗黙の了解がゆきわたってはいないだろうか。そういう能力に乏しい子どもは、困った子どもなのだろうか。個性尊重の名のもとに、新たな能力主義教育がはびこらないように願いたいものだ。

さらにもう一つ、「個性に合わせて」という時は、個性が別の目的の追求のための手段とみなされている可能性が高い。しかし個性化教育のめざす個性は、それ自体が目的である。あらかじめ用意された画一的な教材を吸収するための道具であってはならない。

このように見てくると、個性が育つというのは、より自由になること、自分自身の生き方ができるようになることだといえるだろう。個性の豊かな人とは、知識や技能の多い人というわけではない。むしろ自由な人である。そしてE・フロムが『自由からの逃走』その他の書物で力説しているように、自由になるというのは、孤独が増すことでもある。人間の成長とは、心理的な「へその緒」から解放され、自分自身に気付き、外面的な権威への依存をやめて、自分自身の主人公になる過程である。この自由人への成長を妨げる最も大きな障害が、罪の意識つまり自己否定の感情や自己憎悪である。初めに述べたように、今日の子どもの内面には、避けがたい自己否定感情がわだかまっている。現代は、子どもたちにとって自由な人間へと育ちにくい時代といってよい。

3　体験学習の原則

(1)　デューイと「活動的な仕事」

先にあげた四人の教育家は、ニイルから強い刺激を与えられる一方で、具体的な学習内容や指導方法の面では、デューイから多くを学んだ。デューイは、今からおよそ百年前の一八九六年に、シカゴ大学に実験学校（通称「デューイ・スクール」）を開いたのだが、それに先立って、その学習の内容と形態について次のように書いている。

「すべての教育の究極の課題は、心理学的要因と社会学的要因を調和的にはたらかせることである。心理学的要因は、それぞれの個人が彼のすべての個人的能力を自由に使用することを……要求する。社会学的要因は、個人は彼のすむ社会的環境の中のすべての重要な関係について熟知するようになることを……要求する。（この二つの要因の）調和は、子どもが自分自身を、しかも社会的な諸目的を実現するような仕方で表現することを要求する。」（Dewey, J.: Plan of Organization of the University Primary School, *The Early Works of John Dewey 1882-1898*, Vol.5, p. 224）

「個人的能力を自由に使用する」というのは、本能、肉体、感情、知性のすべてをフルに動員して、活動的に、そして積極的・自発的にという意味である。「社会的環境の中の重要な関係について熟知する」とは、社会的生活の中の最も基礎的なものを自己のものとするということだ。この最も基礎的なものとして取り上げられるのは、衣生活の中核としての織物・編み物・裁縫、食生活の中心である料理づくり、そして住生活でいちばん大切な工作である。そしてデューイは、衣食住のいちばん基礎的な活動に子どもが全能力をあげて従事する時、それを「活動的な仕事」(active occupations)と名付けた。「活動的な仕事」は、たんに手や体を使うだけの単純な、あるいは機械的な作業ではない。それ自体が自発的な知的探求でなくてはならない。いわゆる「為すことによって学ぶ」というのは、ただ体を使ったり、実物に触れたりというだけではない。「問題(または問題場面)の感知→観察→仮説の設定→仮説の推敲→行動による検証」といった手順をふんだ科学的な体験なのである。

このような活動が知的探求として自発的になされるには、それ自体に内実的価値があり、しかもそれが子どもに実感され、見通されていなくてはならない。そのためには「ホンモノ」の活動であることが必要だ。何か別の目的のための手段として利用されるのではいけない。「ままごと」的な模倣でもいけない。

次に大切なのは、これらの活動は、学校における教育的経験の中心にすえられ、いろいろな教科の統合の中核となることだ。人類のさまざまな科学は、基本的な社会的活動から生まれてきた。より長く、より快適に生きたい、というのが科学が発展するための原動力だったといってもよい。同じように、子どもは「活動的な仕事」に没頭するうちに、さまざまな知識や技術を産物として獲得していく。そして次の探求のための道具として保存されたり、より抽象的なもの、あるいは体系的な学習へと発展させられたりするのだ。「活動的な仕事」は、教科学習の補完物ではない。ましてや気分転換や気晴らしにおこなわれるものではない。むしろあらゆる学習の出発点なのだ。

(2) 「活動的な仕事」と総合学習

ところで「活動的な仕事」としての体験学習に近いと考えられているものに、いわゆる「総合学習」がある。「総合学習」の形態や進め方はさまざまなので一概にはいえない。しかし私たちの考える体験学習といわゆる総合学習は、必ずしも同じではない。たとえば今野喜清氏は、総合学習の共通の要素として次の三点をあげている。

1　従来の教科学習の欠点、とりわけ形式的・抽象的教育への傾斜を克服して、学習のなかに具体性とリアリズムを取り戻そうとのねらい。
2　そのために教科の枠を超えた「合科学習」領域を新しく設けようとしていること。
3　活動や体験学習を重視した学習形態を採用していること。(『教育学大辞典』第一法規、一九七八年、第4巻)

ここでは、一人ひとりの子どもの自己決定や自発的な取り組みは、必ずしも十分に考慮されているとはいえない。これに対して長野県の伊那小学校などの実践を長年にわたって研究している小松恒夫氏は、総合学習の最大公約数は「生活に根ざした学習」であるとした上で、「遊びと生活の自主性を学習に結び付ける意味で『総合学習』と呼ばれるようになった」という。(『教科書を子どもが創る学校』一九八二年、新潮社、二七九ページ）たんに生活と結び付けるとか、合科的な学習をおこなうというだけでは、広い意味での総合学習とはいえても、ここでいう意味での体験学習とはいえない。なぜなら子どもの自己決定や個性を軽視した総合学習も考えられるからだ。つまり教師中心の形態で、そしてまたクラス全体で画一的にすすめられる総合学習もあり得るのだ。私たちがめざすのは、子どもの自己決定および個性と一体化した体験学習である。

4　三原則の統合

以上、自己決定、個性尊重、そして体験学習の三つの基本方針について概観した。それぞれについてポイントを要約すれば、次のようになる。

〈自己決定の原則〉

①　教科書やドリルを進んで学習するというのではなく、子どもがみずからの思考と行動と生活を通して、広くものの見方を形成する。

②　与えられた課題をしなくてもよいという自由よりも、選択の自由が大切である。自由学校とは、子どもにとって、したいことがあり過ぎて困るような学校だ。

③　教師の仕事は、子どもの心をとらえ、成長をうながす魅力ある活動をふんだんに準備することである。教師の権威は、そうした態度や能力から自然に醸し出される。

④　自己決定には、自己評価がともなわなくてはいけない。

〈個性尊重の原則〉

① 個性尊重と学習の多様化は切り離してはいけない。個性を尊重するというからには、多様な活動が用意されたプログラムが必要である。

② たんなる「個別化」と私たちの求める「個性化」とは別物である。教材や活動が画一化されていて、学習のペースだけ子どもの「能力」に応じるというやり方は、悪しき能力主義に陥る危険がある。

③ 個性尊重とグループ学習とは必ずしも矛盾しない。集団による学習や活動は、むしろ一人ひとりの学習や成長をうながす力を秘めている。

④ 個性を尊重するには、グルーピングや時間配分を十分に柔軟にしなくてはいけない。

⑤ 個性化教育とは、一人ひとりの子どもが自分自身になるのを援助する教育である。つまり感情面でも、知的にも、そして人間関係の面でも自由な子どもを目標とする。

〈体験学習の原則〉

① 体験学習とは、子どもが、からだ（手）と知性を存分につかって、衣食住など生活の中核にかかわる仕事に従事することである。

② 体験学習は、たんなる手作業ではなくて、自発的な知的探求でなくてはいけない。

③ 体験学習は、教科学習の補完物ではない。むしろカリキュラムの中心となる核、またはすべての学習の出発点となる。

④ 体験学習を取り入れれば、必然的に子どもの自己決定が必要になる。

以上の要約からもすでにはっきりしているように、自己決定の重視と個性化教育と体験学習の諸原則は、切り離すことはできない。例えば、自己決定を重視するといっても、子どもの心をとらえるような活動が用意されていなければ、子どもは生き生きと輝くことはできない。個性を重視するといっても、それぞれの子どもが教師から厳しい指示を受けていたのでは、自由になることはできない。また教師の監督のもとにクラス単位で同じ作業をおこなったところで、本来の体験学習とはいえない。いいかえれば、自己決定と個性尊重と体験学習とは、同一のものの三つの側面だといってもよい。

5 先駆的実践に学ぶ
——自由学校のパイオニアたち——

キルクハニティ・ハウス・スクールでは、議長は、やりたい人が立候補して、その中から選ばれた人がなります。みんな本当に真剣で、「本場のミーティングは、こんなにすごいのか」とびっくりしてしまいました。(長峯智子、一三歳)

1 さまざまな先駆的学校

私たちは、きのくにの学園を構想するにあたって、ニイルから最も多くを学んだ。理論面でも実際面でも、サマーヒルほど大きな刺激と多くのヒントを与えてくれた学校はない。その次に多くを学んだのは、デューイの実験学校とエッケンヘッドのキルクハニティだ。さらにドゥエインのライジングヒルや、モンゴメリーのクロンララ・スクールからも多くの示唆を得た。しかし私たちは、サマーヒルのコピーをめざしたのではない。デューイの実験学校の真似をしたわけでもない。むしろ多くの学校の理念と実際に触れ、これらを批判的に参考にして、私たち自身の学校の青写真を描いたのだ。

いうまでもないことだが、サマーヒル、キルクハニティ、デューイの実験学校などのほかにも、多くの教育家がユニークな実践をおこなっている。過去一〇〇年ほどの欧米の教育をふりかえると、これまでに紹介した学校以外にも、子どもの自己決定や個性や体験学習を尊重し、大胆な実践をおこなった独創的な学校や教育プランが多く見られる。いくつか挙げてみよう。

〈アメリカ〉

ドールトン・プラン（H・パーカスト）

プロジェクト・メソッド（W・キルパトリック）

クロンララ・スクール（P・モンゴメリー）

ホーム・スクーリング（P・モンゴメリー）

シティ・アズ・スクール（ニューヨーク市）

〈イギリス〉

アボッツホルム・スクール（C・レディー）などの進歩主義学校

公立のオープン・プラン・スクール

フリースクール運動

〈ドイツ〉

ドイツ田園家塾（H・リーツ）

自由ヴァルドルフ校（シュタイナー）
〈スイス〉
エコル・ドゥ・ユマニテ（P・ゲヘープ）
〈フランス〉
フレネ・スクール（C・フレネ）
〈イタリア〉
子どもの家（M・モンテッソーリ）
欧米だけではない。日本にも大胆な学校が存在したし現在も存在している。
〈戦前〉
成城小学校、中学校（沢柳政太郎）
池袋児童の村小学校（野口援太郎）
玉川学園（小原國芳）
奈良女子高等師範学校附属小学校（木下竹次）
生活綴方と北方教育
〈戦後〉
伊那小学校（長野県伊那市）
緒川小学校（愛知県東浦町）
東京シューレ（奥地圭子）など

2　フリースクールとオルタナティヴ・スクール

(1)　フリースクール

日本では「オルタナティヴ・スクール」というのは、なじみのうすい用語だ。むしろフリースクールの方がよく通用している。しかしフリースクールということばは、かつての進歩主義学校（progressive school）がそうであったように、使う人によってずいぶん中身が違っている。「フリー」の程度もさまざまだ。サマーヒルのように授業への出席を強制しない学校や、教師の採用に生徒の意思を反映させる私立校を指す人もあれば、公立のオープンプラン・スクールもそれに含める人もある。

一般に学校とは、特定の人間（教師と生徒）の組織と専用の建物があり、常時あるいは少なくとも定期的に開設され、カリキュラムや指導計画が用意されている施設のことをいうのが普通だ。ところが週に一日か二日だけの手づくり教室や、夏休みなどの合宿の中にさえ、フリースクールを名乗るものもある。フリースクールというのは、かなり曖昧な概念なのだ。

アメリカやイギリスで、フリースクールということばが新しい意味を持って登場したのは、一九六〇年代の後半からである。個人の自由意思を大幅に認めようとする白人中流階級によって、かなりの数の私立学校が設立されたのである。二〇〇－三〇〇校という人もあれば、一〇〇〇校以上だという説もある。これらの小さな学校は、ベトナム戦争を批判する反戦運動、および黒人や少数民族の権利の保障を求める公民権拡大運動など、社会運動と連動した教育革新運動となっていった。しかし時には、伝統的な価値観や生活様式を批判する面が過度に強調されて、「きまま学校」や「放任学校」などといったイメージを持たれることも少なくなかったようだ。例えば私は、日本のあるテレビ局のプロデューサーが「ヒッピーの学校というイメージを持ってサマーヒルへ取材に出かけたら、意外にもマトモな子どもや教師なので驚いた」というのを聞いて、かえってびっくりしたことがある。

(2) フリースクールからオルタナティヴ・スクールへ

さて、フリースクールが、アメリカにおいてもイギリスにおいても、一九七〇年代に入ると、その理念や具体的な指導方法が、部分的にせよ公立学校にも取り入れられるようになってきた。その経緯についてニューヨーク州立大学のファンティーニ（Fantini, M. D.）は次のように述べている。

「一九六〇年代においてわれわれは、学校についての連邦政府の関心の高まりの結果あらわになった諸問題は、学習者にかんする問題であるという前提に立っていた。〝恵まれない〟（disadvantaged）、〝文化を剝奪された〟（culturally deprived）、〝分裂した〟（disruptive）といったことばが浮上してきた。……しかし徐々に新しい政策が現れ始めた。教育問題は学習者にではなくて制度にある。したがって課題は、学習者を学校に適合させせようとするのではなく、むしろその反対を試みることにある。……人間はみな同じではない。それぞれ異なっている。異なった学習スタイルを持っているのだ。」（*Alternative School – A Source Book for Parents, Teachers, Students and Administrators*, 1976, Anchor Books, p. xv-xvi）

六〇年代には、幼児向けの「ヘッドスタート・プログラム」に代表される補償教育としての施策が主であった。経済的に、あるいは文化的・社会的に「恵まれない」人々に対して学習の機会を保障しようとしたのだ。それは、現存の学校と社会への子どもたちの適応を、いちばん大事な目標にしていた。しかし七〇年代になると、公教育においても、個人差や社会的背景を考慮に入れた学校が必要だと見られるようになってきた。ヘッドスタート計画などの効果が十分でなかったことや、ニイルの影響を受けてラジカルな私立学校が多く現れたことも、こうした変化の一因だろう。「子どもを変える」から「学校を変える」あるいは「いろいろな学校をつくる」へと視点が移されたのだ。その結果、「学校の中の学校」など、既存の制度の中に別の方式が並存したり、新しい学校が設立されたりするようになった。中には市全体を学習の場とする「シティ・アズ・スクール」のような大胆な試みも出てきた（一九七三年、ニューヨーク）。クロンララのモンゴメリーによって一九八〇年に始められた「ホームスクーリング」(the home based education program) でさえ、ミシガン州の正規の就学コースの認可を受けたのだ。

コロンビア大学のラヴィッチは、この間の事情を次のようにまとめている。

「フリースクール運動は、サマーヒル方式の諸原則によって生気を吹き込まれた私立学校のゆるやかなネットワークによって成立していた。それらの学校は、お互いの存在を知っていて、伝統的な教育方法に反対し、急進的な政治思想に参加していた。オルタナティヴ・スクール運動は、フリースクールの原則を公立学校に取り入れる試みで、その目的は、生徒たちの不満を軽減することにあった。」(Ravitch, D.: *The Troubled Crusade - American Education 1945-1980*, Basic Books, 1983, p. 238)

こうして公立の学校制度の中に新しい試みが取り入れられるにつれて、フリースクール関係者の間でも「オルタナティヴ」ということばをよく使うようになってきた。フリースクールの中に行き詰まるものが少なくなかったのも、その一因だろう。子どもの自由意思を大事にしようとするあまり、教師の指導性を軽視したり、長期の展望や計画性を欠いたりしていたためだ。また「オルタナティヴ」の方が、「複数の、あるいは多様な学校やコースを用意し、個人差や社会的背景に合わせて選択してもらう」という意味を積極的に表すものとして好まれたのであろう。そんなわけで一九七九年に代表的なフリースクールを中心に結成された全国組織も、「全米フリースクール連合」ではなくて、「全米オルタナティヴ・コミュニティ・スクール連合」と名付けられたのである。イギリスでも八〇年代には、フリースクールよりもオルタナティヴ・スクールということばが多く用いられるようになったようだ。

もっともオルタナティヴ・スクールの訳語はまだ定着していない。「これまでとは違った学校」「もうひとつの学校」とでも訳したらよいだろうか。「新しい学校」というのが案外うまい訳語かもしれない。なお、オルタナティヴ・スクールの範疇に、イリッチ（Illich, I）の脱学校化（deschooling）とラーニング・ネットワークの構想をも含める人もある。しかし、これはむしろ「学校に代わるもの」（alternative to school）といってよい。オルタナティヴ・スクールとは区別して論じるべきだ。現にイリッチは、フリースクールやサマーヒルについて、特定の場所で教師が特定の年齢段階の子どもに学習させる、という伝統的な観念にとらわれていると非難している。

フリースクールは、自由放任学校という否定的なイメージで見られることも少なくない。そして実際にそれに近い学校もなかったとはいえない。保守的な教育関係者から意図的に流されたデマも、そういう誤解を助長したかもしれない。例えばカリフォルニア州の教育長として辣腕をふるったラファティー（Max Rafferty）は、サマーヒルに対して露骨に嫌悪感をあらわにして、「サマーヒルは世界中でいちばん性の乱れたところである。我が子をサマーヒルへやるくらいなら売春宿へやった方がましだ」とのしっている。(Hart, H. ed.: *Summerhill-For and Against*, 1970, p. 17)

それだけではない。フリースクール運動への共鳴者の中に、情緒的にこれに賛同し、安易に子どもたちに好きなことをさせようとしたきらいもある。そのために短期間で挫折する所も少なくなかった。日本でもこういう傾向がみられ、小学校ではカリキュラムなど必要ではないとか、授業への出欠の自由を高らかに謳わなければ子どもへの裏切りである、とかいう人がある。

(3) 学校法人としての認可の意義

きのくに子どもの村は、自由な学校という意味ではフリースクールだ。しかし「不登校の子のための私塾」という日本的な意味でのフリースクールではない。むしろオルタナティヴ・スクールと呼ばれる方が的を射ている。つまり現在の学校教育制度を批判はするが、しかしその中でも存立し、しかも独自の教育理想や方法を持っている。そして、それに共鳴する子どもや保護者によって選ばれる学校だ。私たちは、無認可の私塾やパートタイムで開設される教室ではなく、学校法人によって経営される私立小学校をめざした。むろん私立学校の設立と経営はきわめてむずかしい。しかし、あえて正規の私立学校にこだわるのは、公立学校では、これまでに述べてきたような教育方式を確立するのは難しいからだ。現在の公立学校体制において、特定の教育観、とりわけ私たちの教育観にしたがって、学校を新設したり既存の学校を変革したりするのは、不可能に近い。むしろ同一の教育観を持つ親や教師が、手を取り合って新しい学校を設立する方が、財政的な困難は大きいとしても、より現実的である。

ところで不登校の子どもは、必ずしも「学校に行けない」という意味の心理的登校拒否の子どもというわけではない。子どもたちが、「そこの教育と生活がよいから」という積極的な理由で通ってくる「学びの場」も少なくない。「東京シューレ」や、名古屋の「野並子どもの村」、三鷹市の「地球の子ども の家」、関西では大東市の「なわて遊学場」、最近では新潟県安塚町の「やすづか自由学園」、千葉市柏市の「ゆうび小さな学園」などがその好例である。そしてまた、そこへの「通学」をもって、在籍する学校への出席と認定されている子どもの数も少しずつふえている。私たちの学校も、こうした私塾としてスタートすることも可能であった。むしろその方が早く実現する可能性が高かっただろう。

たしかに現行法規(私立学校法、学習指導要領、設置基準など)の制約は小さくはない。しかし私たちは、法人認可をうけた正規の私立校にこだわり続けた。それには二つの理由がある。

第一は公的補助を受ける権利である。私立学校法の趣旨は、「私立学校の自主性を重んじる教育行政組織を確立すること、経営主体を学校法人化し、これによる民主的公共的な運営組織をつくること、および私学教育に対する公費助成を実現すること」とされている(三省堂『解説教育六法』)。私立学校が受ける助成は、当然の権利と認められているのだ。しかし、いわゆる私塾では助成は受けられない。そのために保護者の過大な負担、教師の犠牲、教育環境の劣悪化などを招き、その結果、存立が危うくなる危険が大きい。オランダなどでは、義務教育段階の学校の四分の三が私立であるのに、その経費はほとんどが公費でまかなわれている。日本での助成は、これとは比較にならないほど低率である。しかしそれでも補助金の交付は、新しい学校の理念の遂行に貢献するだろう。一九六〇年代末から七〇年代にかけての英米のフリースクールの多くは、教師の犠牲と支持者の善意に頼っていたために、社会の経済状態の悪化と共につぶれていったのだ。

第二の、そしてより大きなメリットは、その方が、現在の教育に批判の目を向け、それとは違った教育の可能性と必要性をアピールするのに効果的だということだ。私たちは、無認可の私塾の意義については、いささかも過小評価するわけではない。しかし、特別な事情のある子どものための「駆け込み寺」的な施設と見られたくない。そうなれば、子ども集団の性格が、当初のねらいから外れてしまうであろう。きのくにには、ごく普通の子どものための正規の、そして独自の教育観によって経営され、その教育観に共鳴する保護者と子どもによって選択されるべき学校なのだ。その方が、教育の改革に一石を投じたい、という私たちの目的も達成されやすいだろう。

(4) フリースクールから学んだこと

私は、イギリスでいくつかのフリースクールを見たことがある。そのすべては、ロンドン、マンチェスター、リーズ、サザンプトンなどの大都市にあった。経済的に恵まれたものは一つもない。たいていは、古いビルの一室や崩れ落ちそうな礼拝堂などを安く借りて使っていた。どれもこれも狭くて、教材や設備も貧弱だ。しかし何よりも私の心をとらえたのは、そこの大人たちの「あつい思い」である。しかも彼らは、とても明るい。苦労が多くても落ち込まない。「いま自分たちにできることを、できるだけやってみればいいんだよ」などといっている。いい意味で楽天家が多いのだ。

彼らのほとんどは無給だ。夜は会社の警備員として働いていた人もある。その多くは、元教師や教師志望者、そして親であった。むろん、こんな無理が長く続くはずはない。私の知っているフリースクールは、八〇年代の初めにはほとんど姿を消してしまった。いちばん長く続いたロンドンのホワイト・ライオン（White Lion Street Free School）も、八〇年代の末には閉鎖された。もっとも、新しい学校がまったく現れなかったわけではない。いくつかの小規模な小学校や中学校が出てきている。しかし、六〇年代から七〇年代の恵まれない子のための無料の自由学校は、私の知る限りでは、今は一つも残っていない。それはともかく、これらの学校の日々の活動には共通したいくつかの特徴がある。

①　教材の工夫……普通の学校のような教材を買う余裕はない。だから、さまざまなものを教材として活用する。ウサギが飼えないので、大きな家ネズミを飼育していたところさえある。衛生面では問題があるかもしれないが、これが結構かわいいのだ！　現在のきのくにでも、教科書に頼らないで、教師たちがさかんに手づくりの教材をつくっている。

②　地域社会の活用……これと関連して、彼らはしょっちゅう子どもを外へ連れ出す。公園や博物館だけではない。学校のまわりのコミュニティのすべてが教室なのだ。また地域の大人が特別講師としてやって来る。彼らの中には、ライジングヒルでこうした活動を取り入れたドゥエインを尊敬していた者が少なくない。きのくにでも、彦谷の村やまわりの自然のなかへよく出かけるし、また村の人もいろいろな話をしてくれたり、こんにゃくや麦もちなどの作り方を教えに来てくれたりする。

③　ミーティングの重視……全校集会だけでなく、クラスの中でも、活動の途中でも頻繁に話し合いの場を持つ。第一部でも述べたように、きのくにでもミーティングがとても多い。

④　対等の人間関係……代表者や校長はいても、大人の人間関係は対等である。責任も権限もできるだけ平等にする。例えば食事の当番は、すべての大人に順に回って来る。サマーヒルと同じく、子

どもからはファースト・ネームで呼ばれる。体罰は禁止されている。体罰イコール免職と決めていたところもある。大人は、ティーチャーではなくて、アダルトやワーカーと呼ばれる。きのくにも先生と呼ばれる大人がいない。校長の私も、沢山の授業を持ち、週末の当番も引き受けている。

⑤　公的補助の要求……彼らには、「自分たちは公立校ではできないことをしている」という自負がある。だから当然の権利として、教育委員会や福祉事務所に対して補助を要求する。助成金だけでなく、建物の提供を受けるのに成功した所もある。私たちも、正規の私立学校として助成を受けている。

⑥　全国的なネットワーク……「A・S・ニイル・トラスト」のような横のつながりを持って、ひろく情報を提供し合ったり、経済的に助け合ったりする。私たちもこれにならって、新しい学校をつくる会を組織して、学校づくりについて広く理解をもとめ、また寄付金を募った。新しい学校をつくる会は、中学校ができた時に役目を終えたが、その発足母体となったニイル研究会は今も続いている。きのくにには、きのくにの子どもだけのものではない。これが私の口ぐせの一つだ。

3　イギリスのオープンプラン・スクール

(1)　公立学校とインフォーマル・エデュケーション

イギリスでは、一九六〇年代から公立学校でもかなり大胆な実践がおこなわれている。特に六七年のいわゆる「プラウデン報告」で、子どもの経験や活動を重視する教育が推奨されてから、さまざまな実験的試みが公立小学校でも導入されるようになった。その特徴をいくつか挙げてみよう。

① 経験学習および合科学習……旧来の教科型カリキュラムにとらわれずに、身近な問題をテーマとして取り上げる。あるいは地域社会の研究を大事にする。一週間のうち一日だけ具体的なトピックをもとにした学習にあてるところもある。これは「インテグレイテッド・デイ」と呼ばれる。教科も統合されたり、関連づけられたりしている。例えば、ロンドンから一〇〇キロほどのイプスウィッチ市にあるハリファックス小学校では、活動と学習は「ことば（literacy）」「かず（numeracy）」「芸術（arts）」「動き（movement）」という四つの領域にまとめられた。きのくにの基礎学習が「ことば」と「かず」と呼ばれているのは、ここにルーツがある。

② ティーム・ティーチング……一斉授業よりも個別学習や小集団学習を多くする。また固定した学級に固執しないで、子どもの集団の大きさを活動や子どもの能力に応じて柔軟に変える。そのためにはティーム・ティーチングが必要になる。一クラス一教師ではなく、例えば四人の教師で四クラス分の子どもを受け持つ。極端な場合には、一二〇人の子どものうち一一七人を一人の教師が担当し、残りの三人がそれぞれ一対一の指導をすることもあり得る。そういう時、一一七人は視聴覚教材で学習する。きのくにの小学校の二人担任制は、ティーム・ティーチングを意識して導入されたものだ。

③ 校舎の建築方式……このやり方をスムーズに実行するために独特の校舎が考案された。子どもが移動しやすく、しかも個別学習や集団学習のスペースが組み合わせられている。この校舎をオープンプラン方式という。廊下がほとんどない。各部屋から外へも出やすくしてある。また子どもが自

主的に活動や学習ができるように、教材が手の届くところに巧みに整理されている。床は、じゅうたん張りが普通だ。親しみやすい雰囲気をつくる、そして子どもの移動によって生じる音を少なくする、という二つのねらいからである。きのくにも、この建築様式を取り入れている。教育上の意図からだけではない。少ない予算でできるだけ床面積をふやすという財政上の理由からでもある。

④ 権威主義の反省……公立校でありながら、教師と子どもの関係も親しみやすいものになっている。サマーヒルやフリースクールのように、子どもが教師をファースト・ネームで呼ぶところもある。

こうした教育方式は、七〇年代から八〇年代にかけて目に見えてふえている。一九八九年の「ナショナル・カリキュラム」の導入は、その動きにブレーキをかけたけれども、全体として見れば、今日のイギリスの教育は、かつてのそれに較べるとずいぶん進歩的になったといえるだろう。

(2) 日本のオープンプラン・スクール

オープンプラン・スクールは、オープン・スクールと呼ばれることも多い。しかし、後者には校舎が新しい方式ではないものも含まれる。つまり建物は古いが、同じような理念の教育がおこなわれる学校もある。逆に校舎は最新式でも、中身は旧態依然とした学校もあるわけだ。私が七〇年代の前半にスコットランドで訪問した学校では、校長が平然といってのけたものだ。

「先日も視学官が来ましてね。あんたのやり方では新しい校舎が泣くというんです。私は〝ご助言ありがとう〟って答えたんですが、自分のやり方を変える気はまったくありませんよ。」

新しい革袋に古い酒を平気で入れる校長は、それほど珍しくはなかったのだ。これと似た現象が、現在の日本でも起きている。この十数年のうちに、文部省の助成を受けて、各地にオープンプラン方式の校舎がかなり誕生した。しかし、本家のイギリスの場合とはずいぶん様子が違うのだ。つまり、

① 年齢別クラス編成が当然のこととされている。異年齢の活動や学習はほとんどない。中には「〇年生棟」というように、学年ごとに建物が分かれているところもある。

② 教科書中心の学習が主流である。活動中心の学習に割り当てられる時間が、せいぜい週に三時間程度のところが多い。

③ 本来の意味のティーム・ティーチングがほとんどおこなわれていない。ティーム・ティーチングといえば、障害のある子のいるクラスへの加配教員のことだと勘違いしている人もあるくらいだ。

④ 校舎建築の計画を立てるのが建築家である。教師が、このような教育がしたいから、このような校舎をつくってくれ、と指示するのが本来の姿だ。

オープンプラン・スクールもティーム・ティーチングも、本来はインフォーマル・エデュケーションを効果的に実施するために考案されたものだ。子どもの自発的な学習を促すために建物を変える、というはっきりした理念が先にあったのだ。このところをよく理解していないと、ヌエのような学校になってしまう。廊下がないとか、多目的スペースがあるとかいうだけでは、新しい教育とはいえない。

4　そのほかの学校や教育運動

⑴　フレネ・スクール

セレスタン・フレネ（Freinet, C. 1896–1966）によって、一九三五年に南フランスのヴァンス郊外につくられた学校である。教科書を使った伝達教育から、自主教材による自発的な学習への転換をはかったもので、その思想と具体的実践は『フランスの現代学校』（石川慶子・若狭蔵之助訳、一九七九年、明治図書出版）や『手仕事を学校へ』（宮ヶ谷徳三訳、一九八〇年、黎明書房）などに紹介されている。

フレネ学校は、個別化学習とそのために開発された自主教材に最も大きな特徴がある。教科書を用いて教師が一斉に授業を進めるのではなくて、一人ひとりの子どもが二週間分の計画を立て、最後にクラスの子どもたちの意見も聞いて自主的に評価する。教材は、毎日の生活の中から題材を多く取る。また、いわゆる規律も教師から与えられるのではなくて、自分たちの生活から生まれる。

私たちがこの学校から学んだのは、自発的な学習には個別学習を容易にするような教材が必要だということ、そしてまた自発的な学習は、その産物として新しい魅力ある教材をつくり出すということだ。特に私たちの心をとらえたのは印刷である。ここでは、子どもたち自身の作品を、自分たちで印刷して、広く一般に購読してもらうのである。ホンモノの出版活動だ。

きのくにでも、各クラスで月刊誌や季刊誌を出している。市内の書店に並べてもらえるようになるのが夢だが、まだそこまではいっていない。せいぜい木曜日の見学日にお客さんに買ってもらうという程度である。しかし、III部でも触れるが、各プロジェクトの雑誌は、さまざまな活動を統合する核としての役割を担っているのは間違いない。ついでにいうと、日本にもフレネ教育研究会があって、定期的に研究会を開いている。ただし、今のところ国語の時間を使った「自由作文」の実践が中心のようだ。

(2) 生活綴方運動と北方教育

これは、昭和の初期から第二次大戦直前にかけての運動である。当時の学校は、すべての教科で国定教科書しか使うことを許されていなかった。ただ一つ国定教科書のなかったのが「綴方」である。そこで自由に作文を書かせ、話し合いや事後の指導を通して、子どもたちの現実を見る目や生きる力を育てようとしたのだ。この運動で指導的役割を果たしたのは、「綴方生活」の編集をした小砂丘《ささおか》忠義や北方教育社を組織した成田忠久などである。

文章や詩を書くことには、普通に考えられている以上に大きな可能性が秘められている。たんに楽しい文や空想の詩を書くというのではない。子どもたちが、現実の自分たちの生活を見すえ、問題に気付き、その解決に向けて知恵をめぐらすのである。これは、たんなる国語の学習ではない。子どもの感情と感性、知性、そして社会性の成長を視野においた全体的な教育なのだ。特に忘れてならないのは、生活綴方や北方教育でテーマとされたのは、貧困や凶作に苦しむ自分たち自身の生活だということだ。

私たちは生活綴方から二つのことを学んだ。一つは、文章を書くということの持つ教育力の豊かさである。そしてもう一つは、生活から学ぶという視点で教育を考えるとすれば、その生活は抽象的なものや「ままごと的」なものではなくて、目の前のきびしい現実そのものでなくてはいけないということだ。

図5　伊那小学校における総合学習・総合活動の位置づけ
(同校昭和64年度紀要「学ぶ力を育てる」より作製)

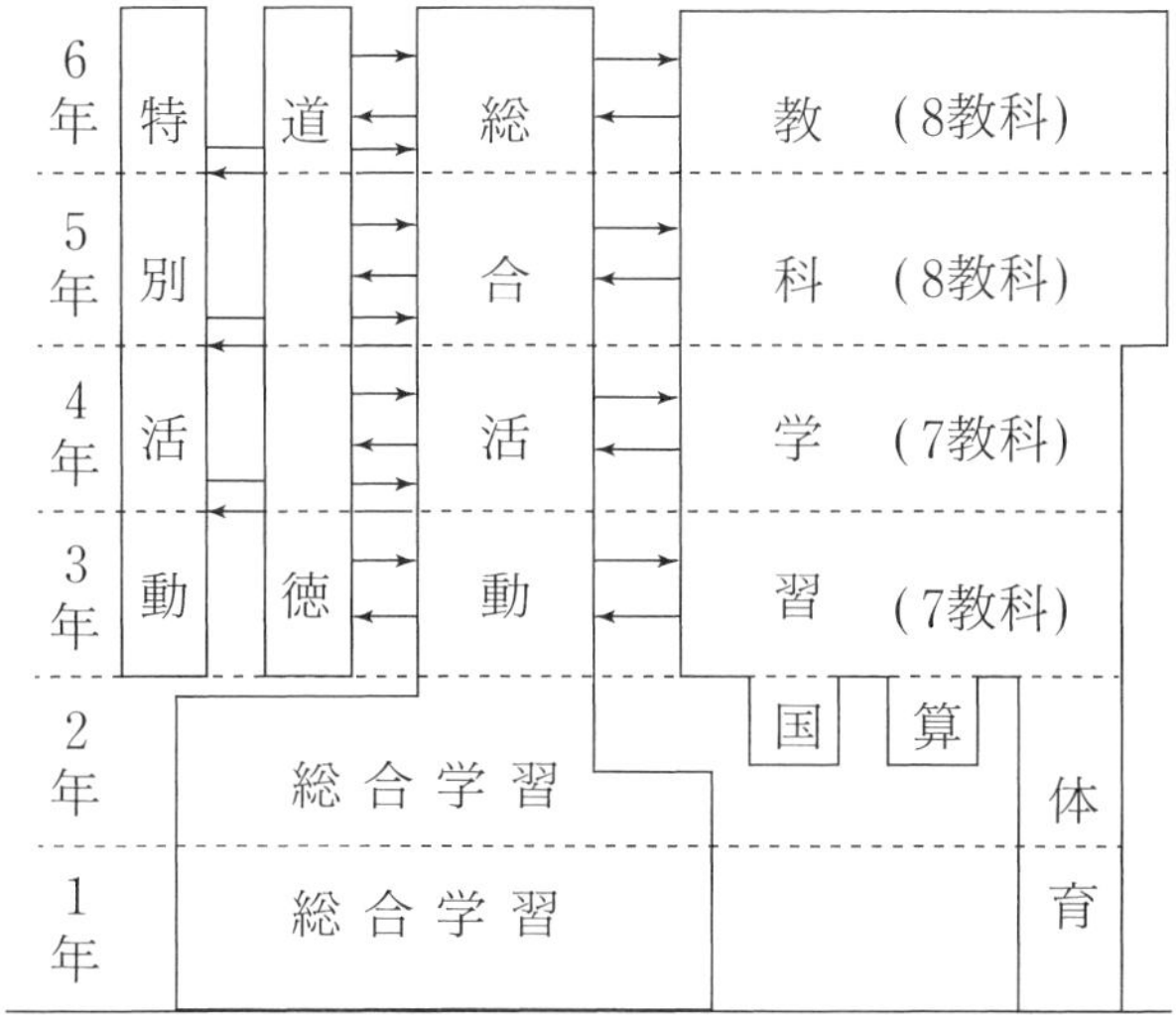

それを見すえ、考え、話し合うことを通して、子どもたちのものの見方が育っていくのである。

(3) 伊那小学校（長野県）と総合学習

日本で最も長く、そして熱心に総合学習に取り組んできた学校が、長野県の伊那市立伊那小学校である。ここでは図5のように、1学年と2学年の前半では、体育を除くすべての学習が総合学習としておこなわれる。2学年の後半では国語と算数が設けられ、国語では主として「文学作品の鑑賞・読解」が、算数では「数と計算」が総合学習と切り離しておこなわれるようになる。3学年以降は、教科、道徳、特別活動、総合活動（総合学習ではない）の四領域に分けられる。前の三つは、なるべく総合活動と結び付けて展開される。もっともこの結び付きは、学年が進むにつれて少なくなる傾向にある。

きのくにのプロジェクトは、この伊那小学校の総合学習や総合活動からも多くのヒントを得ている。もっとも私たちは、教科にあたる内容も、できるだけプロジェクトの内部で、またはプロジェクトとの緊密な関連のもとに導入するようにしている。また伊那小学校では、総合学習にしても総合活動にしても、固定された学級単位でおこなわれている。したがってどうしても教師の主導性が強く前面に出ることになる。また内容と進め方が、一人ひとりの子どもの個性に十分にかなっているともいいがたい。

(4) 緒川小学校(愛知県)と個性化教育

愛知県東浦町の緒川小学校では、総合学習は「総合的学習」と呼ばれているが、いま指摘された一斉活動という問題点を克服するために「総合A(グループ)」と「総合B(個別)」に分けている。ただしそのテーマは、「郷土」「環境」「国際理解」などを「柱とする」よう、あらかじめ学校全体で設定されている。このやり方では、動機づけの点でも問題がある。具体的なテーマが、子どもたちの生活の現実から遊離する可能性もある。緒川小学校で最も意欲的に取り組まれているのは「指導の個別化(=学習の個性化)」、あるいは「自己学習力」の育成である。したがって伊那小学校に較べると「総合的活動」の比重は大きくない。

これに対して、私たちのプロジェクトでは、生きるという営みの基本になるような活動から題材を得ようとする。クラスもそのテーマに従って編成され、子どもが選んで参加する。しかも、それぞれのプロジェクト活動の中でも、教師の用意した、あるいは子どもの提案したいくつかのテーマから、子どもたちが選択して取り組む。グループの規模も、二〇人くらいまでさまざまである。

(5) そのほか

これらのほかにも、私たちが注目した学校や運動はかなりある。その中で面白いと思ったのは、ドールトン・プラン（H・パーカスト）、プロジェクト・メソッド（W・キルパトリック）、シティ・アズ・スクール（ニューヨーク）、東京シューレ、戦前の成城学園と玉川学園などだ。

「シュタイナー・スクールやモンテッソーリ法をどう思うか。」

私は時々こんな質問を受ける。シュタイナーについては、「エポック学習」には興味があるが、彼の神秘主義の哲学は肌に合わない。モッテッソーリは、個別学習のための教材開発という点では参考になる。しかし、その教材は抽象的であるうえ大人から与えられた完成品であり、使い方も決まっている。子どもが、失敗を繰り返しながら自分自身で知識やものの見方を形成する、という発想から生まれた方式とはいいがたい。

ところで私は、これまでに二度ほど公文式算数教室の関係者から「きのくに子どもの村と公文式とは、理念においても方法においてもまったく同じです」といわれて面食らったことがある。しかし、たとえ「一人ひとり」や「自主学習」や「個別学習」などということばが似ていようと、公文式の教室ときのくにとは、次のような点で質的に異なっている。

① 公文式では教材が抽象的で、しかも計算が異常なほど重視される。
② その教材は、あらかじめ固定的に設定されている。しかも順を追って学習しなくてはいけない。
③ 評価は教師がおこなう。

④「教育＝教科のドリル学習」という観念から解放されていない。

ひとことでいえば、子ども一人ひとりが違った段階のプリントをするからといって、個性尊重の教育とはいえない。あえていえば、公文式の教室は、「個別化された大人中心の画一主義教育」といった性格のものである。

III

きのくに子どもの村の船出

―自由学校の具体化―

現代の子どもたちに、内心の不安や自己憎悪から自由になってほしい。自発的に、そして創造的に考える態度や力が育ってほしい。自分自身をしっかりと持ち、しかも共に生きる喜びを存分に味わってほしい。つまり、感情的にも知的にも、そして人間関係でも自由な子どもへと成長してほしい。

この成長のお手伝いをするために、私たちは、教師中心主義から子どもの自己決定の重視へ、画一主義から個性の尊重へ、書物中心主義から「為すことによって学ぶ」へと大胆に発想を転換しよう。

私たちの学園の理念と基本方針はほぼ固まった。サマーヒルのニイルをはじめ、多くの先覚者の実践にも学んだ。いよいよ私たち自身の学園を実際につくっていく段階にはいる。どんな環境を用意し、どんな活動をどのように展開したらよいだろうか。

1　自分自身であること
――いま一度、自由学校のめざすもの――

自分で考えるというのは、自由の一部だと思う。きのくには自由でいい、とみんなはいうけれど、きのくにに入ってわかったことの一つは、自由とはとても難しいものだということだ。（川口真里子、一三歳）

1　心理的な独り立ち

(1)　ドイツ国民とユダヤ人虐殺

「外界に結び付けられている臍《へそ》の緒を完全に断ち切っていない人に自由はない。」

これは、エーリッヒ・フロムのことばである（日高六郎訳『自由からの逃走』東京創元社、一九五一年）。かつてヒトラーが、あれほどの暴虐の限りを尽くしたのを、なぜドイツ国民は許したのだろうか。ドイツといえば、世界で最も学識と教養、そして厳しい道徳規範を誇った国の一つだったはずではないか。そのドイツ人によって、罪もないユダヤ人が、ユダヤ人であるというだけの理由で強制収容所に送られ、短期間に数百万人も虐殺されてしまった。このような正気の沙汰とは思えない犯罪が、実際におこなわれてしまったのはなぜか。ドイツの人々は、なぜ一人の独裁者にやすやすとしっぽを振ったのだろう。もちろん命がけで抵抗し、実際に命を落とした人もあったかもしれない。しかし国民全体としては、逆らうことができなかったのだ。ひょっとしたら、ドイツ人の国民性の中に、こうした独裁者を望む心理がなかったとはいえないだろうか。これがフロムの問題提起である。

フロムは、その答えを近代以降のドイツ人全体の心理的な幼さに求める。フロムによれば、人間の成長とは「第一次的きずな」、つまり親や家族との心理的な臍の緒を断ち切って、次第に一人になっていくプロセスである。自他未分化の依存状態から、やがて自分自身に目覚め、独り立ちする喜びを獲得する過程だといってもよいだろう。自由になるというのは、好き勝手ができるという意味ではない。このように一人の人間として目覚め、次第に自立するということである。

しかし、この自由人への道にはさまざまな困難がともなう。忘れてならないのは、自由になるというのは、反面からみれば孤独になるということだ。自由な人とは、孤独に強い人という意味でもある。強い不安を感じる時、挫折した時、展望を見失った時、あるいは信頼する人から裏切られた時、人はいいようのない孤独感におそわれる。

自由な人、つまり孤独に強い人は、その孤独感にうまく対処したり、耐えたり、上手に休養したりできるだろう。しかし、多くの人はそういう時、しばしば古いきずなに帰ろうとする。都会で行き詰まった人が、故郷へ帰ったり、故郷を思って涙したりするのはよくあることだ。これは、いわば健全な退行現象といってよいだろう。しかし中には、母親の胎内までもどりたい、そしてあたたかく包まれたいという願望の強い人もある。むしろ私たちはそれぞれに、母親の胎内にもどって安らぎを得たいという願望を秘めているのだ。しかし現実にはそんなことはできないので、代用物によってそれを満たそうとする。II部でも紹介した例だが、部屋を締め切り、椅子を丸く並べて、長い間うっとりしていた四歳児の姿は、かわいそうだけれど、一面ではほほえましい。けれど、独房の中のオウム真理教の幹部や教祖の麻原の姿は、ほほえましいなどといえるものではない。

ドイツ人がヒトラーを受けいれたのはなぜか。それは、彼らの心の中に、母親のおなかに代わるものとして、強大な権威者、父なる神とその代理人としての教会、あるいは民族主義的な英雄にすがろうとする無意識の願望が強かったからではないか。ドイツ人のヒトラー崇拝は、国民的な広がりを持った退行現象ではないだろうか。これがフロムのいわんとするところだ。

(2) 自由人への成長を妨げるもの

さて、自由への道が一方では孤独への道だとすれば、この道をふさぐいちばん大きな障害は何だろうか。フロムは、「子どもの心から自主性を奪い取るいちばん有効な方法は、罪の意識をもたせることだ」という。ここでいう罪の意識というのは、宗教上の罪の意識とは限らない。もっと広い意味の罪障感、つまり「ぼくは悪いことをしてしまった」という自責の念や、「わたしはダメな子だ」という自己否定感、そして「こんなことではいけない」という焦りなどである。そして、こういう自分を卑下したり憎んだりする気持ちが、現代の子どもたちの心の中に深く染み込んでいるのだ。自己嫌悪や自己憎悪を秘めた人は、外なる権威に弱いし、その権威による裁きに怯えている。オウム真理教が「ハルマゲドンの際の審判」という脅しを手段にして教団を大きくしていったことは、まだ記憶に新しい。

フロムは、「ニイルの思想と実践をつらぬく基本原理を探していて、生きることへの愛（bio-philia）という概念にいきついた」と述べている（Hart., H. ed: *Summerhill - For and Against*, 1970）。ところが多くの子どもは、むしろ広い意味の罪の意識にさいなまれ、「死への愛（necro-philia）」の傾向を強めているのだ。教育にたずさわる者にとって何より大切な努めは、この「死への愛」の傾向から子どもを解放し、「生きることへの愛」を強めることではないだろうか。私たちが、「子どもたちに、生きることはこんなに素晴らしいと感じさせたい」というのは、こういう意味である。

(3)　自立と甘え

人はみな自由を求めている。しかし、自由への道に必然的にともなう孤独感の増大は、しばしば私たちをとまどわせ、時には退行させる。成長の過程にある子どもの場合は、これは特に著しい。この時に大切なのは、安心して休息しエネルギーを蓄えるための時間と場所である。三歳児の反抗と甘えについて考えてみると、この心理がよく理解できる。この年頃の幼児は、親の指示に、ことごとに「いや！」といって反抗する。「いくらなんでも、うちの子の反抗は度を越している」といって悩む母親もある。私の次男などは、さんざん「いや」といい続けた後で、「おとうさん。ぼくにこっちへおいでっていって」と要求したものだ。もちろん「いや」と答えるためである。こういう時は、ことの善し悪しなどは問題ではない。「いや」ということそれ自体に意味があるのだ。つまりこの時期の幼児は、「ぼくは、おとうさんとは違う」「わたしはわたしよ」と自己主張したくてたまらないのである。それが正しい発達のすじみちなのだ。平井信義さんの表現を借りれば、「親や大人に反抗する子どもこそ、自発性が順調に発達している『よい子』である」といってよい（『子どもに「まかせる」教育』明治図書出版）。

このように三歳児は、自由を求めて激しく反抗する。ところが一方では、今までになく甘えることがある。赤ちゃん返りと表現されるくらいベタベタとくっついて離れなかったりする。これも自然な発達の姿だ。独立したいという欲求にかられて、親を中心とした世界から飛び出そうとしたものの、経験したことのない世界に不安と怯えを感じて、大急ぎでもどってくるのだ。困るのは、「早く自立させたい」と焦って、この種の甘えを許さない親があることだ。こういう時には、むしろ甘えを受け入れなくてはいけない。荒海に乗り出す船には、安全な入り江も必要なのだ。同じようなことは、思春期、つまり第二の自我の芽生えの時にもあてはまる。

以上をまとめると、私たちの考える教育の目標を子どもの感情面に即していえば、子どもの心から自己否定感や自己憎悪を取り除き、彼らがたくましく自由への道を進むのを見守り、援助すると同時に、心理的に受容する用意ができていることである。

2　知的な独り立ち

(1)　不自由な物知り

子どもたちが断ち切らなくてはいけないのは、情緒的な臍の緒だけではない。私たちは、知的発達の面でも「第一次的きずな」から解放されなくてはならない。どんなに多くの知識を暗記したところで、知的に自由とはいえないからだ。つまり、既成のものの見方をいったん離れることができない限り、あるいは時には距離をおいて批判的に見ようとしないうちは、たんなる「不自由な物知り」の域を出ないだろう。知的に自由な人とは、旺盛な知的好奇心を持ち、いろいろな問題に敏感な人だ。と同時に、自分の目で見て、自分の頭で結論や仮説を出し、自分の手や感覚をつかって確かめようとする人のことだ。もともと子どもは、本当は好奇心のかたまりのような存在のはずだ。せっかちに大人が教えたり手伝ったりすると、激しく拒否する子どもも珍しくはない。それがいつの間にか、受験戦争や将来の心配を持ち出して脅さないと、自分からは学ぼうとしないようになる。

その理由の一つは、子どもにとって学び甲斐のないことを強制されているからであり、もうひとつは、抽象的な結果の記憶だけが大事にされ、探求のプロセスがおろそかにされているからだ。算数を例にとれば、実際的な生活や具体物から離れて、抽象的などうでもいい問題を与えられ、解き方（公式）を覚え、数字をあてはめて教師から○×をつけてもらう。自分たちの誕生パーティをするのでパウンドケーキを焼こうと思うが、材料がどれだけ必要かとか、それを三種類つくって八分の一ずつ分けるとすると、二九人では何個ぶん焼かなくてはいけないか、などという問題に直面すれば、子どもたちは必死で頭をひねるだろう。しかし「周囲が一二〇メートルの池があります。このまわりに八メートルおきに桜の木を植えるとしたら、苗木は何本いりますか」などというドリルに、いったいどれだけの子どもが、興奮したり胸を躍らせたりするだろうか。

きのくにの学園がスタートした頃、一年生以外は、みなほかの学校から転入してきた子どもであった。

そして「かず」の時間になると、よくこんな声が子どもたちから聞かれたものだ。

「えーと、何と何をかけるんだったっけ。」

「かけるんだったかなあ、割るのだったかなあ。」

「ねえ、これで答えが合ってる？　それとも違ってる？　それを先に教えて。」

こんなこともあった。三年の男の子とのやりとりだ。

「ねえ、Mくん。チャボが一五羽いたら、足は全部で何本？」

「ちょっと待って。紙で計算するから。えーとね、15×2は30だから、答えは30本や。」

私が意地悪く聞き返す。

「それでいいのかなあ？」

「えっ？　違うんかな？　じゃあ、2×15で……、やっぱり30本だ。」

「さあ……」

「ええっ？　かけ算とは違うの？　じゃあ、わり算でやってみよう。」

算数とは、ほとんどの子どもにとって、公式に数字をあてはめる作業でしかない。公式を忘れたら、計算ができる子でもお手上げだ。たぶん算数でいちばん魅力があるのは、公式そのものであり、子どもが知的に興奮するのは公式を発見することではないかと思うのだが……。

算数よりもっと記憶が中心なのは社会科、特に歴史である。なにしろ露骨に暗記教科と呼ばれているくらいだ。子どもたちは、過去の人々の暮らしに触れることも、事件の意味について深く考えることもしないで、ただただ年代と人名を覚える。そしてその暗記された知識は、無事に大学に入れても、運悪く入れなくても、いずれ早々に御用済みとなる。四年制の国公立大学の学生でも、入学して六カ月もすれば、半分は奈良の大仏の建立された年代を忘れてしまうのだ。私は、昨年度は中学校の歴史も担当したのだが、虐げられた人たちへの共感や、権力者に対する怒りなどを大事にして話題を提供するようにした。先日も真冬の、しかも夜の高野山を見たいというので、中学生の女の子らと車を走らせていたら、鎌倉幕府の滅亡のことに話題が及んだ。彼女たちは、年代はおろか人名も忘れてしまっていたが、権力をめぐる争いの顚末はしっかり覚えていた。私は、これで十分だと思う。年代や人名は後からでも覚えられる。

(2) 情報を入手する力

子どもたちが解放されなくてはいけないのは、公式や年代中心の暗記教育からだけではない。彼らの自立を妨げる知的な臍の緒の一つに、世論や常識がある。激しく変化し、情報があふれ、世界観も多様化するこれからの社会において、いちばん大事なのは何だろうか。それは、世論や常識にあやつられて右往左往しないで、自分自身をしっかりと維持し、みずからの判断を大切にする生き方ではないだろうか。そしてもう一つ、私たちは、自分自身のものの見方からも自由でなくてはいけない。それまでのものの見方に縛られていては、自由に考えることはできないのだ。子どもたちの多くは、この点で大人よりずっと自由だ。素直に見つめ、新しい発見に素朴に感動する。「あっ。なんだ！　そうだったのかあ！」といって目を輝かせる。大人は、なかなかそうはいかない。

それはさておき、私たちが自分で判断をするには、適切な情報を手に入れる力は持っていた方がよい。

それは確かだ。情報に踊らされては困るけれど、必要に応じて情報を集め、それを上手に使う能力は、知的自立にとって大切な手段であろう。図書館や博物館、マスメディア、そしてパソコンなどの利用法は、知的自立にとって有力な道具になる。読み書きもこの道具の一つだ。むろん、だからといって、情報それ自体が目的なのではない。あくまでも自由で幸福な生き方のための手段である。すべての子どもに、あらかじめ、しかも全部の領域にわたって、情報そのものを与えるべきだということにはならない。そんなことをしても、無理であり無駄である。

以上を要約すると、私たちにとって知的側面の教育目標は、まず第一に創造的に考える態度と力が育つのを援助することである。つまり、子どもたちの知的感受性や好奇心を刺激し、状況を見つめる目と態度を伸ばし、自分で結論を出して検証する喜びをたっぷりと味わってもらうことだ。第二は、さまざまな情報を自分で集める方法を身に付けてもらうことだ。この二つの目標は別々のものではない。密接に結び付いている。観察するにしても、仮説を立てるにしても、情報は必要であるし、また集められた情報が子どもの知的好奇心を刺激することも少なくないからだ。

3　社会的な独り立ち

(1)　**親離れ、子離れ**

きのくにの中学生に海野敬順《たかゆき》という子がいる。開校した時に小学校四年で転入してきた。自宅は信州の白馬村にある。敬順くんは、初めのうちは土日滞在グループに入らないで、毎週はるばる帰宅したものだ。学園を三時半のスクールバスで出て、橋本市から大阪までは南海電車、それから新大阪駅まで地下鉄、そして新幹線を名古屋で降りて中央線の特急に乗る。それからまた松本で大糸線に乗り換えて、家に着くのは一一時過ぎだ。時には台風で新幹線が遅れたために、途中で引き返して来たこともある。

なにしろまだ九歳の子だ。きっと不安も大きかったに違いない。そして、両親の心配も大変なものだったろう。もちろん経済的な負担も大きかっただろう。しかし、学校といえば教科書を連想し、学力といえば漢字や計算を思い出す人にはわかりにくいかもしれないが、この一年あまりの週末帰宅こそは、敬順くんの生涯でいちばん大きな教育だったに違いない。

親から離れられない子は多いが、子どもから離れられない親も同じくらい多い。ニイルは、子どもがサマーヒルになじむにつれて、サマーヒルに嫉妬するようになる親が少なくないと書いている。子どもが家庭より学校が好きだとわかると、とたんに退校させる親もあったらしい。きのくにでも、長期の休暇中や病気で休んでいる時などに、「早くきのくにに帰りたい」といって親を困らせる子が少なくない。中には、熱が出て休んでいても、親が買い物に出たスキに置き手紙をして、学校へもどってきた子もある。しかし、さいわい嫉妬が原因で辞めさせられた子はいない。

保護者の中には、「ふだん離れているので、かえって親子の触れ合いが深まりました」という人が少なくない。きのくには、全寮制ではない。しかし、親もとを離れての生活は、子どもの独立心を育てる。それだけではない。親子の新しい関係をつくる上でも効果がある。新しい親子関係、それは親子未分化の状態から、それぞれに一人のかけがえのない存在として、しかも共に生きる関係である。

(2) 自由学校のミーティング

I部でも述べたように、自由学校とはミーティングの多い学校である。サマーヒルやキルクハニティでも、また先に取り上げたいくつかの学校でも、全校集会をはじめとする何種類ものミーティングが大事にされている。私は幸運にも、最晩年のニイルに二度ばかり会ったことがある。その時の会話の中身は今もはっきりと覚えている。しかし、それ以上に鮮やかに印象に残っているのは、全校集会の時のニイルの様子だ。土曜の夕食の後、子どもと大人の全員がホールに集まって、規則をつくったり修正したり、もめごとの処理をしたり、行事の計画を立てたり、あるいは時事問題について活発に議論を交わしたりする。議長は原則として年長の子どもがつとめる。発言したい人は、手を挙げて指名されるのを待たなくてはいけない。子どもだけでなく職員の中にも、指名を待ち切れないで発言してしまい、議長から注意される人がある。しかし、ニイルはパイプをくわえて、静かに肘掛け椅子にきちんと腰をおろしている。両足はきちんと揃えられている。大きな靴だ。発言したい時は、高々と手を挙げて、じっと議長からの指名を待つ。あまり明るくない電光の下で、薄くなった白髪が美しく光っていた。その姿は、神々しくさえ感じられたものだ。

サマーヒルだけでない。キルクハニティのジョン・エッケンヘッドも、ミーティングでは背筋を伸ばして参加する。そして真剣に、しかも対等の相手に対面しているのと同じように話す。どちらの学校でも、ミーティングはもっとも大切な教育の一つと考えられているのだ。ニイルなどは、「一週間分の教科学習よりも、週一回の自治集会のほうが価値がある」とさえいい切っている。

私が、このどちらの学校のミーティングでも強く感じたのは、次の二つである。

1　子どもたちが自分の意見をはっきりといい合う。

2　意見をたたかわせた後、具体的で有効と思われる合意に到達する。

日本の子どもたちは、なかなかこうはいかない。きのくに子どもの村でも同じだ。九二年の開校の時から、私たちも全校集会やクラス・ミーティングを積極的に取り入れて来たのだが、初めの頃はずいぶんいらいらさせられたものだ。まず第一にさわがしい。次に形式的な多数決が多い。議題が提出されても意見が出ない。二つほど提案があると、次に手を挙げた子はもう「多数決！」と叫ぶ。りっぱな意見のつもりなのだ。挙手になると、決まってあたりをぐるっと見回す。特に大人の方を見る。そして、自分の挙手した方に決まると「勝った、勝った」と手をたたく。「負けた」方の子は、「くそっ」と舌打ちをする。ミーティングとは、多数決で勝負する場だとでもいうのだろうか。ほんとに情けない。私はその頃から、どのミーティングでもいちばん後ろにすわるようにしてきた。また挙手の際には、あまり手を高く挙げないように気を付けている。

サマーヒルでは一九八〇年代に入って、日本からの子がふえた。よく見ていると、ミーティング中にひそひそ話が多いのは、入学間もない日本人の生徒だ。ことばがわからないから、というだけではない。彼らには、十分に話し合った経験がほとんどないからだ。自由学校で大切な議題とされるような問題については、教師がみな結論を出してしまう。

最近のきのくにでは、ずいぶん中身のあるミーティングがふえてきた。安易な多数決も減っている。それにざわざわしたり、おしゃべりしたりする子もほとんどなくなっている。しかし、キルクハニティのミーティングにはまだまだ及ばない。

(3) 自己主張、そして共に生きる知恵

大人の顔を見たり、ほかの子に合わせて手を挙げたりしているうちは、子どもたちは、まだ社会的な臍の緒から自由だとはいえない。やみくもに自分の意思を通そうとする子どもも同じだ。私たちがミーティングを大事にするのは、それが子どもたちを社会的な臍の緒から解放するのに有効だからである。私たちは、子どもたちに自分をしっかり意識し、自分自身の意見を持ち、同じように自分自身の意見を持つ人たちを相手に自己主張をおこない、しかも気持ちよく現実的な合意に到達する態度と能力を伸ばして欲しい。それにはミーティングが何より適している。こうした態度や力は、自立した人間がより自由に、そしてより幸福に社会生活をおくるのに不可欠だ。

こういう社会性の発達という側面、あるいは人間関係の面から見た私たちの教育目標、それは、子どもが強い自我に目覚め、自己主張をしっかりと繰り広げ、しかも実際的な合意を形成する態度と能力が育つのに適した環境や活動を用意することだ。こういう子ども集団は、たんに情緒によって結ばれた仲良しグループではない。深い自己意識と民主的な共同生活の知恵を持った集団である。こういう意味でも、自由学校は好き勝手が許される温室ではない。社会的に成熟した子どもと、その成長がわがことのように嬉しい大人との共同生活の場である。

4　教育目標と評価の観点

(1) 感情、知性、人間関係における自由

以上、フロムのことばを手がかりに自由な子どもへの成長について考えてきた。「第一次的きずな」というのは、たんに感情面だけの問題ではない。感情面、知性、社会性（人間関係）のすべてにわたる問題なのだ。一つのことがらの三つの側面といった方がよいかもしれない。理屈の上でも、そして私たちの観察からみても、感情と知性と社会的関係の三つの自由は、互いに支え合って伸びていくのである。感情面で自由な子どもは、曇りのない目でものを見て、素直に考え、失敗しても朗らかにやり直すことができる。困難に直面しても、安易に既成の価値観や権威にすがらない。人間関係でも、心を開いてほかの人たちと共感しながら付き合うことができる。

知的に自由な子どもは、余計な恐怖や不安にとらわれないで、日々新しい感動を味わう。また、たんに仲良くしなくてはいけないから仲良くするのではなくて、相互理解と合理的な判断にもとづいた人間関係をつくることができる。

そうした触れ合いに満ちた人間関係は、子どもたちの心の中のさまざまなわだかまりを取り除き、生きる喜びを味わわせる。そしてまた、一人で考えるよりも多様で的確な観察と判断を可能にしてくれる。

こうした観点に立つ時、私たちの仕事の具体的な目標、つまり私たちの願う子どもの姿が見えて来る。おおまかに整理すれば次ページのようになる。

- 自由な子ども
  - 社会的な自由
    - 社会生活の面（共同生活）
      - ほかの人々と触れ合う喜びを味わい、共に生きるための知恵を身に付けている。
    - 個人生活の面（自己主張）
      - 自分自身であることに喜びを感じ、自己主張ができる。
  - 知性の自由
    - 情報の面（知的技術）
      - 基礎技術（3Rsなど）を持ち合わせ、情報を収集する方法を身に付けている。
    - 思考態度の面（創造性）
      - 繊細な感覚と旺盛な好奇心を持ち、小さな科学者として考えようとする。
  - 感情の自由
    - 意識面（主体性）
      - 自己を意識し、自己肯定感を持って生きる。
    - 無意識面（情緒的安定）
      - 緊張、不安、自己嫌悪などから解放され、生き生きとしていて、屈託がない。

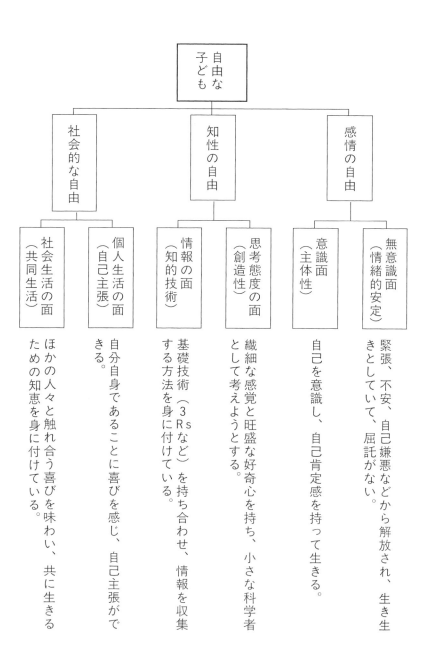

(2) 教育評価とは何か

私たちの学園の理想は、以上のような「自由な子ども」である。だから教育評価も、子どもたちがそのように育っているか、という観点からおこなわれる。この評価の対象は子どもではない。私たち教師の具体的な実践である。つまり、私たちの日々の具体的な仕事が、この目標をどれだけ達成しているかを点検し、より効果的な活動や指導方法を模索するのがねらいだ。これは、本当は普通の学校の評価にもいえることだ。一般に評価といえば、テストの成績や五段階評価や偏差値を連想する人が多いだろう。しかし、本来教育における評価は、教師の仕事をチェックするためのものだ。その評価をもとに、それまでのやり方を変えてみたり、時には目標そのものを修正したりするのだ。例えば、あるクラスで算数のテストの平均点が七〇点であったとすれば、それは子どもが七〇点ということではない。教師の指導の目標が七〇パーセント達成されたということなのだ。

私たちの学園における教育評価は、そんなに簡単ではない。教授法の違いによる漢字指導の能率といったような狭い領域では、客観的な方法を採用し、数量化によって、その結果を整理することもできるかもしれない。しかし人格そのものの評価はとても厄介だ。その理由は次の通りである。

1　短期間の実践だけでは成果を判断するのはむずかしい。学園の教育の効果は、子どもたちが大人にならないと判断できないかもしれない。

2　どこまでが学園の教育の影響なのかを判断しにくい。家庭や社会など、大きな影響力を持つ要素が多いからだ。そして、子どもが成人してから私たちの教育を評価しようとすれば、学校以外の要因がいっそう多く複雑になってしまう。

3　子どもは、一人ひとり違う。一般的な尺度だけでは評価できない。数やことばの領域でさえも、子どもたちの興味や好みや経験などによって、到達度にはとても大きな違いがある。学年に合わせた目標や評価にこだわるわけにはいかない。

世間では「学力は大丈夫か」とか「よい上級学校に入れるか」とかいう観点から学校の善し悪しを判断する人が多い。「多い」というより、「ほとんどだ」といってもよいだろう。ここでいう学力とは、受験学力や教科書の中身のことだ。よい上級学校とは、進学校や有名大学のことなのだ。しかし、きのくに子どもの村は、自由な子どもという理念を掲げた学校である。だからこの学園の教育の成果は、いわゆる知識の量では判定できない。私たちは、知識量の評価の意義を全面的に否定するわけではない。しかし、それによって、この学園の教育観や指導方法を判断してもらっては困るのだ。

2　一人ひとりがみんなと自由に
――自由学校の実際――

きのくにの修学旅行でよいところは、自分たちで行きたい所を決められること。悪いところは、なんにも言わなかったら、修学旅行に行けないこと。子どもが修学旅行に行こうって言わなかったら、大人はなんにも言ってくれない。（佐賀直人、一二歳）

1　基本方針と活動の形態

(1)　柔軟な発想と大胆な工夫

大人がすべてを決める学校から、子どもたちが選んだり決めたりする学校へ。

同じ年齢の子どもに同じことを同じペースで教える学校から、個人差や個性を尊重する学校へ。

教科書の記憶が中心の学校から、具体的な仕事に取り組んでさまざまな力を身に付ける学校へ。

私たちは、このように発想を転換させて学校づくりに取りかかった。しかし、こうした基本方針を立てたからといって、すぐに具体的なプランができるわけではない。それに、自発性や個性や体験の重視といったモットーやかけ声だけなら、別に珍しくもなんともない。耳当たりのいい目標や方針を掲げていても、実際には旧態依然とした教育がおこなわれていることも珍しくない。私たちは、中途半端な妥協に満足しないためにも、そして、いつとはなしに古いやり方にもどってしまわないためにも、次の二点に気を付けることにした。

1　三つの基本方針を切り離さない。統合する形で実践に移す。前の章でも指摘したように、画一的な教材の個別学習とか、教師中心の一斉的な体験学習とかいったものは、私たちのめざすものではない。

2　これらの原則を徹底した形で遂行する。もちろん物理的条件をはじめ、さまざまな制約があるから、現実的な工夫は必要だ。しかし、できると思われることは、とことん突きつめてやってみよう。

こういう思いの私たちに勇気とヒントを与えてくれたのは、ニイルやデューイやジョン・エッケンヘッドなど、多くの教育家の実践や運動である。これらの教育家や教育運動についての学習を通して、私たちは、教育と学校についての常識から自由になることができた。そして、自分たちの学校の主要な活動形態をプロジェクト、基礎学習、自由選択、個別学習の四つにする、というアイディアを得るにいたったのである。一九九二年の開校から四年ほど前のことだ。

さて、自己決定、個性化、体験学習の三つの基本原則は、学校での学習と生活の全般にわたって貫かれるべきものである。しかし実際には、活動の種類や形態によって、それぞれの比重は微妙に異なって

図6　きのくに子どもの村の活動形態

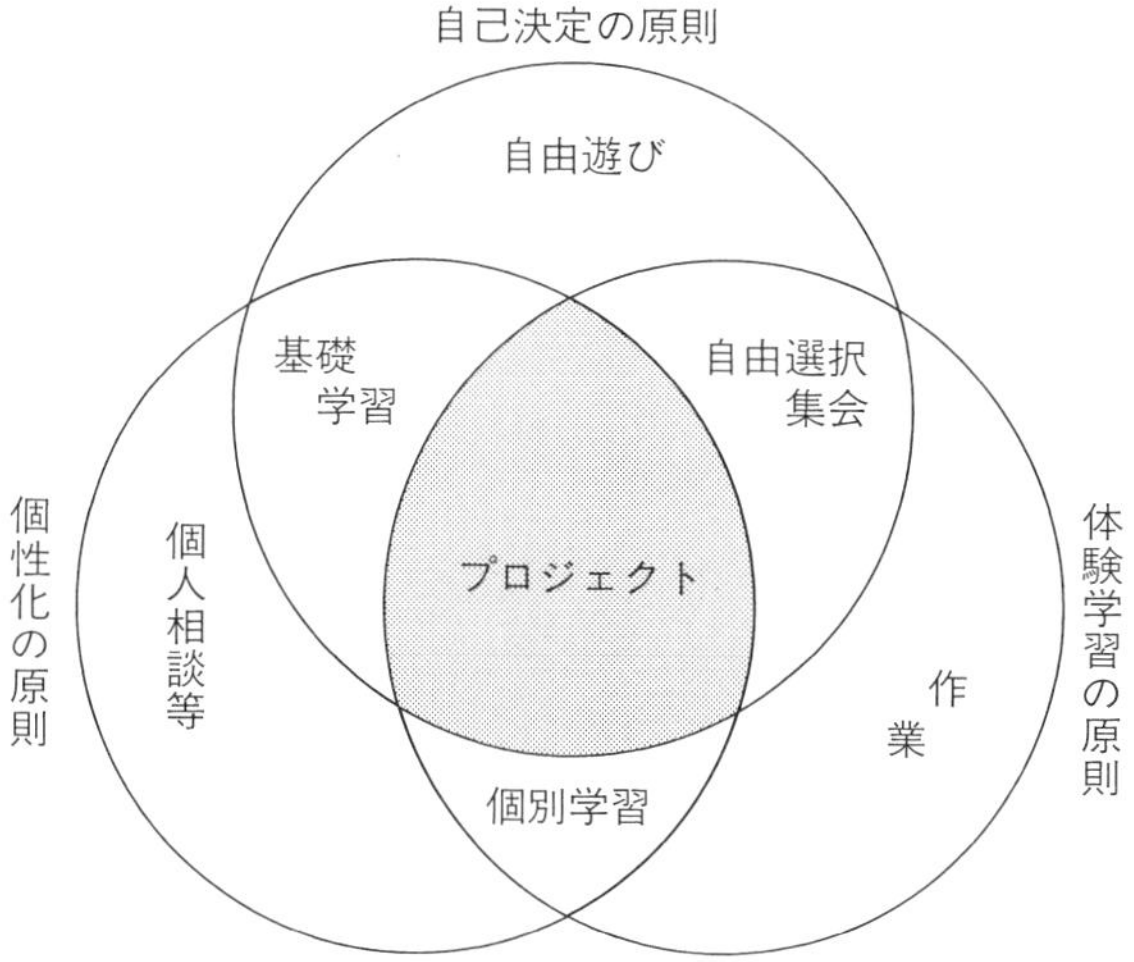

くる。三つの原則が、ほとんど同等に貫かれる活動もあるが、すべてがそうでなければならぬと考えるのは非現実的だ。いずれか二つの、あるいは一つの原則が前面に出るものもある。その関係を考慮してでき上がったのが図6である。

プロジェクトは、三つの原則が十分に重なり合う形態、つまり最も大切な活動形態だ。基礎学習と自由選択と個別学習は、いずれか二つが残りの一つの原則よりも優位な形態である。もちろん、第三の原則が無視されるわけではない。あくまでも量的な、あるいは程度の違いにすぎない。遊び、個人相談等、そして作業では、いずれか一つの原則が際立っている。

ただし各形態の活動の導入にあたっては、それぞれの相互関係に配慮する。例えばプロジェクトで建物を建てるための基礎工事では、砂利、砂、セメント、水などの量が問題になる。こうして生じた具体的な問題が、「かず」の領域の「比」やより充実させる。

「比率」の学習への「内発的動機づけ」となる。そしてそこで学習したことは、プロジェクトの展開を

(2) プロジェクト

プロジェクトは三つの基本原則の重なり合う形態だ。だからまずテーマは、子どもたち自身が選ぶのでなくてはいけない。そしてしかも、大きなテーマや課題をいつもクラス全員でおこなうのではなくて、いくつかの小プロジェクト、あるいは個人プロジェクトも並行しておこなわれるようにする。

さらにプロジェクトは、デューイの「活動的な仕事」の考えを具体化した体験学習である。主として実際生活、中でも地域社会の諸問題に題材を求め、時間をかけてその問題の解決に取り組む。このとき気を付けなくてはいけないのは、プロジェクトの活動は、それ自体が目的だということだ。教科書の中身を「体験を通して」身に付けさせようというのではない。またプロジェクトは、たんなる手作業や肉体労働ではない。一種の知的探求である。子どもたちは、知的に興奮しながら、自分たちの好奇心を刺激する問題や活動に取り組む。そして自分の頭と手と体を存分につかって、みずからの生活を豊かにする喜びと、成長する実感と、その過程での学ぶ楽しさと、仲間と触れ合う喜びを存分に味わう。

プロジェクトは、子どもたちの活動の中心を占めるものだ。したがって時間割もクラス編成も、これを基準にして工夫するのが、理屈の上でも実際的にも自然ななりゆきである。プロジェクトこそは、私たちの学園の最大の売り物であり、学園の存在理由だといってよいのだから。

(3) 基礎学習

基礎学習では、自己決定と個性化の原則が前面に出る一方、体験学習の原則がやや後方に退く。つまり一人ひとりがみずから学ぶ、という点ではプロジェクトと同じだが、学習の題材や教材に抽象的なものも取り入れられる。具体的には、プロジェクトの中で生じた問題の解決のために資料を収集したり、関連教科の学習をしたりする時もあれば、いわゆるスリーアールズ（読み書き算）のような基礎技術の習得をする時もある。後者は「国語」と「算数」に相当するが、イギリスのオープンプラン・スクールにならって、「ことば」と「かず」と呼ぶことにする。

私たちは、理想的にはプロジェクトと基礎学習を結び付けて、あるいは一体化して進めたいと思っている。しかし、今のところ、いくつかの現実的な理由によって、時間割の上では別々になっている。とくに開校一年目には、基礎学習だけは通常の学年編成で進められた。二年目からは、プロジェクトと同じグループでおこなわれるようになった。その理由については、後で詳しく述べることにする。

中学校では「教科学習」と呼ばれ、原則として学年ごとに五教科の授業がおこなわれる。

(4) 自由選択とミーティング

自由選択は、プロジェクトと同じように自己決定と体験は大事にされるが、一人ひとり別々にというよりも、グループで、あるいは集団でおこなわれる活動である。具体的な中身は、体育、図画工作そして音楽にかんするものが多いが、それだけではない。英会話、手話、バードウォッチング、おやつづくりなども取り入れていく。これらは、じっさい子どもたちに人気が高い。

基礎学習

ワープロを打つ

自学用の漢字プリントのセット▼

▼「かず」

自由選択は、最初の二年間は自由活動と呼ばれていた。しかし、この名前では、たんなる自由遊びと間違われやすい。実際には、教師がいくつもの活動を用意して、子どもが選ぶのだから、その意味をはっきりさせようというので、自由選択と名前が変わったのである。I部でも述べたが、子どもたちは、その英訳である「フリー・チョイス」をちぢめて「チョイス」と呼んでいる。もっとも、教師が用意する活動だけではなくて、子どもからの提案や要望に応じて始まったものもある。いうまでもないが、自由選択の時間には、クラスは自動的に解体される。

きのくにには、おそらく日本でいちばんミーティングの多い学校だろう。週一回の全校集会のほかに、いくつかの委員会があり、またクラスごとに頻繁に話し合いがおこなわれる。走っているスクールバスの中でおこなわれることも珍しくない。特に修学旅行は、小学校でも中学校でも、行き先も旅程も費用も子どもたちが決め、自分たちで予約もとる。九六年度の六年生の修学旅行のごときは、五月に話し合いが始まって、最終的にまとまったのは一〇月の初めであった。もちろんいい加減な話し合いだったからではない。遠足、運動会、卒業パーティ、春祭りといった行事も、委員会ができている。遠足委員会などは、四〇人以上の子が名乗りをあげる。寮でも、部屋ごとのミーティング、各棟のミーティング、中学生だけのミーティング、そして寮全体のミーティングが適宜ひらかれる。自分たちの暮らしを自分たちで楽しいものにしていく力を育てる上で、ミーティングはとても有力である。

(5) 個別学習

個別学習では、子どもの自己決定を軽視するわけではないが、教師がほかの時よりは積極的に子どもに働きかける。原則として個別に、あるいはそれに近い形でおこなわれる。具体的な内容としては、学習に特別の困難を持つ子の指導、楽器演奏の指導、個別に助言を求めてきた子への対応などがこれにあたる。

ただし現在は、小学校の時間割の中には組み込まれていない。開校時には週二時間とってあったのだが、二年目からはプロジェクトに組み入れたからだ。その理由は、個別の指導や助言は、プロジェクトでも基礎学習でも必要になってくるし、実際には放課後や寮でもおこなわれるからだ。中学校では二－四時間ぶん組まれている。数学の問題を解いたり、英語の自習をしたり、プロジェクトの活動にあてたりして使われている。

(6) そのほかの活動

私たちの学園の時間割は、以上の四つの活動形態でできている。先の三原則を重ね合わせてできた周辺の活動、つまり自由遊び、相談等、そして作業にもひとこと触れておこう。

まず自由遊び。これは、個人でおこなうにせよ、集団でおこなうにせよ、カリキュラムや時間割には組まれていない自発的な活動のすべてである。遊びには子どもを全面的に発達させる豊かな力が秘められている。したがって遊びの時間は十分に確保するつもりだ。時には大人も積極的に、そして真剣に参加する。

次に、私たちは、つねに一人ひとりの子どもに目を注ぎ、その子のさまざまな面にわたって理解を深めておかなくてはいけない。そして、はっきりと目に見えるように、あるいは本人の気付かぬうちに、いろいろな手助けをする。教職員はみな、ある程度のカウンセリングや心理療法の技法を学んでおくのがよい。

学園内および地域社会のさまざまな仕事は、プロジェクトとは結び付かないものであっても、教育的意義を持つものとして積極的に取り入れられる。具体的には、清掃、修理、建設作業、冬を迎える準備、地域の行事への参加、ボランティア活動などである。

2　日々の生活と学習の組織化

(1)　時間割とクラス編成

きのくにの学習は、プロジェクト、基礎学習または教科学習、自由選択とミーティング、そして個別学習の四つに分けて組織される。この中ではもちろんプロジェクトが中心である。だから素直に考えれば、プロジェクトが、時間割や子どものグルーピング、そして校舎や設備、さらに大人の配置までを決めるいちばん大事な要因となるはずだ。デューイは、「活動的な仕事」つまり衣食住から題材をとった活動が諸教科の統合の中核でなければならない、といっている。ところがシカゴ大学付属の実験学校では、こうはなっていなかった。地理と歴史が中心にすえられていたのである。またクラスは、年齢を基準にしてつくられていた。

これに対して私たちは、いくつかの大きなテーマを用意し、子どもたちに選んでもらうことにした。子どもたちは、年度の初めに説明を聞いて、自分の属するクラスを決める。一年間の主な活動と担任を自分で選ぶのだ。そしてクラスを選ぶにあたっては、もう一つ大事な要素がある。友だちだ。好きな子を誘ったり、肌の合わない子を避けたりするのだ。毎年、四月には、活動と友だちという二つの要因にはさまれて、自分のクラスを選ぶのに悩む子が出てくる。

子どもたちは、主として好きな活動をもとにしてクラスを選ぶ。だから集まって来る子どもの数はバラバラだ。九五年度などは、いちばん大きい工務店は三七人、少ないところが一四人という、ひどい偏りようだった。人数の多いところは大変だ。しかし部屋の広さや道具類に余裕のある限り、全員を受け入れるようにしている。もちろん子どもの年齢もさまざまだ。完全な縦割り集団になる。だから○年○組と呼ばれるクラスはない。クラスの名前は、プロジェクトのテーマをもとに付けられる。そもそもクラスという呼び名自体がない。クラスのことをずばり「プロジェクト」と呼ぶ。

プロジェクトは完全にタテ型集団だ。共同の大きな活動では、子どもたちは、それぞれの年齢と能力と経験に合わせて、仕事や役割を引き受ける。基礎学習の時間には、どのクラスでもだいたい年齢をもとに二つのグループに分けている。しかし学習の進度や教材は、学年ごとにというわけではない。一年生の子が三年生の子と同じ教材に挑戦していたり、五年生が三年生の算数の復習をしていたりする。こういう学校では、学年の違いによる上下関係はとても稀薄になる。開校当初は「あいつは四年のくせに、ボクのことを呼び捨てにした」といって悔し泣きする子もあったが、最近はほとんどの子が平気なようだ。

このように、プロジェクトを中心にすえれば、とうぜん教科の壁がなくなる。また年齢の壁も、外面的にも内面的にも薄くて低いものになる。

(2) 施設の整備

新しい学校をつくるには、その学校の理念を鮮明にすると同時に、それを具体化するためのより現実的な取り組みも必要である。現代の教育の問題点をどんなに鋭く分析しても、理想の子ども像をどれほど精密につくり上げても、そしてまた新しい方式をまとめ上げても、それだけでは学校はできない。そして、理屈がどんなにうまくできていても、それが実践で検証されないうちは、机上の空論とはいわないまでも、依然として仮説の域を出ないのだ。

私たちも、自分たちの願いを実現するために、土地さがし、資金集め、施設の整備、事前の研修、広報活動など、今から思えば気の遠くなるような準備段階を経験した。そのなりゆきについては、前著『きのくに子どもの村』に一章をもうけたので、ごらんいただきたい。これから学校をつくりたいと思われる方には、きっと参考になるだろう。

私たちの学校は、和歌山県の東北の端、橋本市の市街地から八キロの彦谷地区にある。ここに決まったのは、次のような理由からだ。

1 (資金) 土地や建築に必要な資金をできるだけ安くおさえたい。都会やその周辺では、とうてい資金計画が立たない。

2 (環境) 緑ゆたかな自然に囲まれている。空気も澄んでいるし、動物や小鳥も多い。畑仕事もカリキュラムに取り入れられる。

3 (地域社会) 区長さんはじめ村の人たちが学園設立の趣旨を理解し、迎え入れてくれる。村起こしの意義もある。

図7　きのくに子どもの村学園小学校　校舎

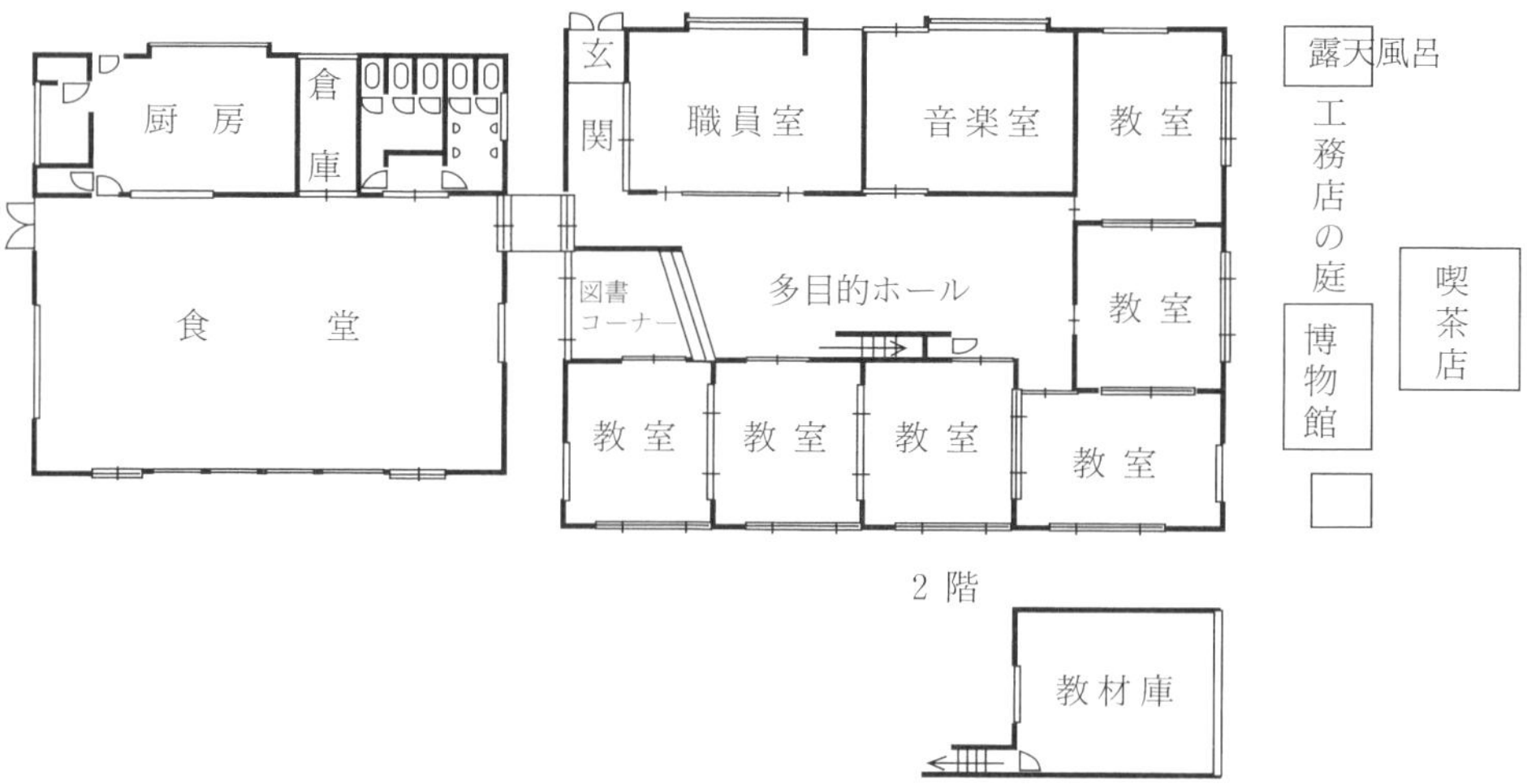

4　（交通）寮のある学校にするが、家庭生活との両立のために週末は自宅に帰れるようにしたい。したがって子どもが最も多くなると思われる大阪市内から、あまり遠くない所がよい。彦谷は、大阪の難波から一時間半しかかからない。

校舎は図7のように、オープンプラン・スクールにならったもので、木造平屋建て（一部二階建て）である。寮もやはり木造の日本建築だ。その主な理由は次の二つである。

1　（教育効果）イギリスの公立学校は、インフォーマル・エデュケーションを効果的に実行しようとして、オープンプランの校舎とティーム・ティーチング方式を考え出した。私たちも、子どもの自由な選択とそれにともなう移動をしやすくするために、そしてグループを柔軟に大きくしたり小さくしたりできるように、さらにまた子どもたちに安心感を与えるような造りにするために、この方式を採用した。もっとも中学校は、もとは小学校の寮であったのを改造したもので、初めからオープンプランの校舎としてつくられたわけではない。

2　（建築費用）オープンプラン・スクールには、廊下がほとんどない。それは、右のような教育目的を持っているからだが、もう一つ大切なのは、建築費用が安くなるということだ。二〇パーセント近くは少なくてすむということだ。同じ予算をつかうのなら、その分を床面積をふやしたり、機器を整備したりできる。また床をじゅうたん敷きにして、落ち着いた雰囲気にしたり、子どもの移動の際の物音を小さくしたりもできる。さいわい私たちの所では、棟梁の堀等さんが趣旨を理解してくれた上に、ほかには考えられないくらい安く仕上げてくださった。もちろん学校建築には、安全面にかんして普通の住宅よりもかなり厳しい基準があるから、これをきちんとクリヤーしなくてはいけない。

ついでに学校設立にまつわる基準についても触れていこう。現在の学校に疑問を抱く人の間では、「だれでもが学校をつくれればいいのに」という声が聞かれる。私は、こういう人たちはあまり信用できない。学校をつくるというのは、そんなに簡単なことであってはいけない。たしかに現在の基準や規制はもう少し緩和されてもいいとは思う。しかし私は、特に安全面や経営にかんする基準は、ある程度は厳しくてもよいと思っている。学校は会社とは違って、子どもたちの成長に責任を持っている。教育の考え方も、職員集団も、施設もしっかりしていなくてはいけないし、経営上の見通しも明確でなければならない。だれでも簡単に学校がつくれることになって、受験産業ややり手の学習塾がどんどん進出したら、子どもたちはどうなるだろう。また火事や衛生面の対策の十分でない校舎で、はたして子どもを預かれるだろうか。経営の面では、授業料をおさえ、しかも職員の生活も保障しなくてはいけない。しかも経営が危機に瀕しても、簡単に倒産するわけにはいかないのだ。最後にひとこと付け加えると、学校法人と学校設置の認可にかんして、私たちは和歌山県当局から意地の悪い対応を受けたことは一度もない。むしろ細かい助言を受けたり、励ましてもらったりしたのだ。

ところで安くあげるといえば、家具や道具類は、あまり費用をかけずにすんだ。机、椅子、書庫などはもちろん、図書も通学バスもほとんどが寄贈されたものだ。職員室を例にとると、新しく購入されたのはホワイトボードとビデオセットだけである。子どもたちが、ものを大切にしたり、いろいろな工夫をしたりするように成長していく上でも、節約はとても大切だ。

(3) 大人のチーム

きのくにの小学校の定員は九〇人だ。これは、六〇－七〇人が適当と考える私たちと、経営面から見て一二〇人は必要と見る県当局との双方が折れ合って合意した数だ。もっとも定員は九〇名でも、法的には六クラス（つまり各学年一クラス）の小学校である。公立学校にかんする文部省の標準では、六クラスを持つ小学校の教員の数は、校長を含めて九人である。そのうちの半数以上が専任でなくてはいけない。中学校でも同じように生徒数に応じて標準がある。

次は、この九人の職務の配分が問題になる。現在の校長は私だ。しかし最初の二年間は、元公立小学校の校長をしていた松戸さんが千葉から来て、開校当初の山ほどある面倒な仕事を引き受けてくださった。残りの八人の仕事を決めるのには、いろいろな要因を考えなければならない。

1 完全縦割り学級であるから、年齢の幅が大きい。新一年生もいれば、次の年には中学校へ入る子もあるわけだ。活動も学習も多岐にわたるだろう。だから一人担任よりも複数担任の方がよい。

2 クラス担任と教科担任に分けずに、常勤の全員が同じように子どもの世話をしたい。

3 一つのクラス（プロジェクト）の数は、二五人くらいまでにしたい。各教室の広さが一学年一五人という認可の条件に合わせてできているのも、その理由の一つである。

こうして、一つのクラスを二人ずつで引き受けることにして、四つのプロジェクト学級が誕生した。現在は、これが五つにふえている。もっとも中学校では、一人担任制だ。四〇人余りしかいないのに、子どもたちの興味が分化して、四つものグループができたのである。そのうちの一つは、通常の担任のいない「わらじ組」だ。

私たちの学園は、「壁のない学校」だ。教科の壁や年齢の壁がない。大人と子どもとの心理的な壁もない。そして学校と学外との壁も、できるだけなくしたい。だから学習は地域社会でも積極的におこなわれるし、見学や旅行にも頻繁に出かける。そしてまた、学外のいろいろな人に臨時の教師として参加してもらう。見学の人の中にも素敵な臨時講師が少なくない。

次に、いわゆる寮母は、おおよそ子ども一五人に一人の割合で配置されている。うち二名は昼間の担当だ。病気の子や体調のよくない子の世話をしたり、病院へ連れていったり、建物の中の整理をしたりする。大切なのは、寮母も教室の担当者も、職務に上下はないということだ。どちらもそれぞれに、子どもたちの成長に寄与する。そもそも大人は、職種や年齢や経験に関係なく、一人ひとりがそれぞれの能力を存分に発揮すればよい。だから給料も、基本給は全員が同じ額である。これは、学校づくりを始めた時からの変わることのない合意事項だ。

(4) 一年間の流れ

文部省の学習指導要領は、各学校段階における学科目と、学科目ごとの履修時間数を定めている。この時間数を確保すれば、時間割の組み方や休暇の取り方など、かなり広範囲にわたって校長や教育委員会の裁量に任されている。例えば夏休みを全廃して、その分をほかの季節に移しても違法ではない。一年を三学期に分けないとダメというのでもない。そこで私たちは、まず完全な週五日制を導入した。大部分の子が、金曜日の午後に家に帰り、週末をゆっくりと家庭で過ごす。しかも月曜日の朝に自宅を出ても間に合うように、月曜は十一時に学習が始まるように時間割を組むことにした。

次の工夫は、主として「長期滞在の子」のために設けられた各学期の「中間休業」だ。ゴールデンウイークの頃、一〇月の半ば、そして二月の中旬の三回である。こうして授業日の少なくなった分は、夏休みなどの長期休暇を少し短縮して埋め合わせる。週の途中で国民の祝日がある場合は、休まないで通常の授業日として、その分を長期休暇の前後に振り替える。こうすると夏休みなどが意外に短くならずにすむのだ。それに祝日に授業をすれば、保護者が普段の様子を見に学校へ来やすくなる。一年間の授業日数は二〇〇日弱である。夏休み前後の短縮授業はおこなわない。これで学習指導要領の求める年間授業時数をかるく超えてしまう。

きのくにの主な行事には、入学を祝う会、春祭り、遠足、運動会、クリスマス会、修学旅行、卒業を祝う会などがある。前にも述べたように、これらの行事では子どもたちが委員会をつくって計画を立てる。運動会は地区の人たち、および隣接の社会福祉法人との共催だ。炭鉱節を踊った後、もちまきをして締めくくるのが恒例になっている。古きよき時代の名残りだ。

(5) 自由と共同生活

きのくにでは、できるだけ自分のことは自分で、自分たちのことは自分たちで決める、というのが基本原則だ。この方針に従って、食事はバイキング方式である。食事はしつけの場ではない。楽しみと社交の場である。偏食をする子があっても、すべての料理を食べるように強制したりしない。好きなだけ取って、好きなテーブルで、好きな人とたっぷり時間をかけて食べる。もちろんお替わりタイムを破ったり、暴れたりはできない。

寮でしばしば問題になるのは就寝時刻である。ベッドタイムは自由ではない。いちばん年少の子は九時、小学校高学年は一〇時、中学校は一一時に決まっている。消灯は、それぞれ三〇分後だ。もちろん眠れなくておしゃべりしたり、ごそごそ音を立てる子もある。私たちは「成長に悪いから早く寝るように」とか、「次の日に疲れるから睡眠時間を十分に」とはいわない。こういう理由にも根拠はあるだろう。しかし成長が妨げられたり疲れたりしても、それは厳密にはその個人の問題だ。ところが他人の眠りを妨げるのは迷惑行為である。そのうえ寮母さんの「安心して自室にもどる権利」を奪うのもよくない。労働基準法に従えば、寮母は「断続勤務」といって、夜間は勤務を解かれるのだ。もし夜中に迷惑をかける子のために特別に寮母を雇うとすれば、寮費は一人当たり月に一万円くらい高くなってしまう。こういう話をすると、不服そうな顔をする者もあるが、反論はできない。私は時おり、夜遅くにこっそりと寮へ出かけるが、今のところ深夜に動いている子はほとんどいない。

迷惑をかけるといえば、最初の頃は、平気でよその屋敷や畑に入ったり、山の木を取ったりする子があって、ずいぶん気をつかった。子どもたちは、山はみんなの遊び場だと思っている。所有者があるなどとは思ってもみない。大事に育ててある花木でも、棒を振り回してダメにしてしまう。もっとも、こういう時、その子を呼びつけて叱るのではなく、全校集会でみんなに話をする。それも注意するというよりも、村の人たちがこの学園にどれだけ力を貸してくれたか、といったことを話すようにしている。おかげで最近では道路わきに紙屑を散らかすような子もほとんどなくなっている。

3 すべり台をつくる

――プロジェクトの実際――

こうむてんに入って、はじめての工事がすべり台の工事だった。さいしょは、がけけずりからはじまった。がけをけずるとき、きかいをつかった。ぼくも、そのきかいをつかった。すごいはくりょくだった。そして、木でささえるのをつくった。その上にいたをはり、ネジでとめた。上の方は、ぼくと、すながくんと、さくらいくんと、六平くんと、金のくんだった。思ったよりかんたんだった。そして木がぜんぶネジでとめおわってから、みんなですべった。何回もすべった。すごくスピードがでて、すごくたのしかった……。(小野田亮介、一〇歳)

図８　プロジェクトの活動の構造（1995年度）

全体のテーマ：自分たちの生活空間を楽しくする

A.　各活動の成果が集約される活動
　月刊誌「マンスリー工務店」の発行
B.　全体のテーマを追求する活動分野
（1）園芸
　　a.花づくり　b.庭づくり
（2）工作
　　a.木工　b.おもちゃ　c.大型遊具
（3）地域研究
　　a.地図　b.人々の暮らし
C.　関連する教科学習など

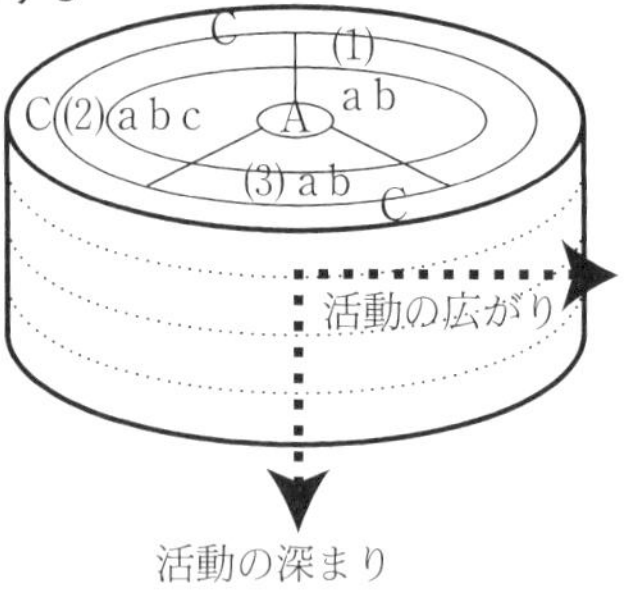

1　プロジェクトの考え方

(1)「生きること」をテーマとする総合学習

きのくに子どもの村では、カリキュラムと時間割の中心は、デューイの「活動的な仕事」の考えを取り入れたプロジェクト活動である。普通の学校では学年で編成されるクラスも、ここではプロジェクトのテーマをもとにつくられている。それぞれの名前も、小学校では「工務店」「ファーム」「うまいものをつくる会」「けんこう家族」「たんけんくらぶ」という。中学では「電子工作所」「旅行社」「出版社」そして「わらじ組」だ。では、プロジェクトの活動としてどのような題材を取り上げ、どのように進めたらよいだろうか。まず、私たちの考えるプロジェクトとはどういうものか整理してみよう。

　プロジェクトは、ひとことでいえば「生きること」をテーマとする総合学習である。ここでいう「生きる」とは、文化的な生活とか崇高な生き方とかいったものではない。むしろ生物学的な意味での「いのち」だ。人類のさまざまな科学も哲学も、実はここから出発している。人間は、いつの時代にも、民族や社会体制を問わず、「より長く、より幸福に生きたい」という願いを持っている。そしてこの願いから、自然科学も社会道徳も宗教も発達してきたといってよいだろう。科学は、人間が不自由な状態から、より自由で幸福な生活へとみずからを解放するための道具でもある。もちろん、すべての科学や道徳や宗教が、人間の幸福を増進したわけではない。むしろ逆の結果をもたらしたこともあった。

私たちのプロジェクトでは、生きるための基礎的な営み、特に食べる、着る、住まうの三つに題材を求める。たんに衣食住の知識や技術を習得させるためではない。人はなぜ知識や技術を必要とするのか、知識や技術はどのようにして幸福に役に立つのか、それを肌で知ってもらいたいからだ。もちろん、この知識や技術には、人間関係や社会生活の知識や技術も含まれている。知る喜び、工夫してつくる楽しさ、力を合わせ心が触れ合う嬉しさ。こういうものこそ、子どもたちの学習の原点である。

私は、講演会の後で、ときおりこんな質問を受けることがある。

「きのくにでは、生活科はどのように進められていますか。」

私の答えはこうだ。

「きのくにでは、すべてが生活科です。」

私たちのプロジェクトは、合科学習からの発想ではない。また百科全書的な広い知識を伝えようとするものでもない。人類の蓄積してきたさまざまな知恵や、いろいろな分野の科学の出発点に帰ろうとするものだ。それによって知的な興奮を呼びおこし、探求の意欲と広い興味を育てようというのである。

(2) 手や体をつかうホンモノの活動

プロジェクトでは、手や体をつかう実際的な作業が中心になる。少なくとも活動全体の出発点になる。人類の財産として知識や技術は、もともと何かの具体的な行為や営みの結果として創造され、時代を経て蓄積され、次の経験や問題解決の時に活用され、そしてまた修正されて伝えられたものである。

公立のオープンスクールなどでは、総合学習という名前で「人間」「平和」といったテーマで、教科の内容を幅広く学ぶやり方がおこなわれる所もある。しかし、ただたんに総合的に学ぶというだけでは、きのくにのプロジェクトとは同じではない。自分にとってとても大事な具体的事象や課題に、いわば全身全霊をあげて取り組むのでなくてはいけない。書物の上での抽象的な問題や、教師から押し付けられた仕事では、こういうふうにはならない。むずかしくいえば、活動そのものに固有の価値があり、それが子どもに実感されていることが大切だ。その活動の有用性や必要性が、生き生きと感じられる時に、子どもは好奇心をそそられ、意欲を掻き立てられるからだ。

どの学校でも、子どもたちは、教科書の中身にあまり興味を示さない。そこで、手をつかう作業を取り入れて、子どもに受け入れられやすくしようという考えの人もある。しかし、こういう作業は、教科書を教えるための手段にすぎない。私たちのプロジェクトは、それ自体が目的である。例えば、子どもがパチンコをつくるとする。二〇センチの幅の板を切り、外枠をつけてから釘を打ち、そこへビー玉を転がすのだ。初めはそれだけだ。そのうち、いろいろな工夫が始まる。ビー玉が入った場所によって点数を変える。板に穴を開けて下へ落とす。通り道にスイッチを仕かけてブザーを鳴らす。さらに二枚のパチンコを組み合わせたり、ビニールチューブの中を通らせたりする。次々と新しいアイディアが浮かんでくる。今では、何台ものパチンコを組み合わせた「ビー玉タワー」に挑戦している子もある。子どもたちの心をとらえるのは、おもしろい遊びができること、いろいろな工夫ができること、そして困難を克服して確かな力を獲得したと実感できることなどだ。パチンコをつくるにしても、ビー玉タワーの工夫をするにしても、子どもたちは、何か別の学習のために手づくり活動をしているのではない。それ自体が目的である。しかし、その過程で子どもたちはさまざまな力を蓄える。

(3) 自発的な知的探求

自分にとって大切な問題や仕事に取り組む時、子どもたちは小さな科学者として考え、なんとかうまい結果をもたらそうと実験を試みる。プロジェクトとは、こういう知的探求である。ただたんに体や手足を使うというだけの作業ではない。教師が主導権をとって、あらかじめ設定された結果へと進ませる作業は、ここでいうプロジェクトとは似ても似つかぬものだ。

きのくにのプロジェクトは、子どもが好奇心をそそられたり、解決しなくてはと感じたりする活動だ。そして子どもが積極的に観察し、仮説を立て、自分なりの解決策をまとめ、しかも実験的に確かめる。その結果が思わしくなければ、またやり直してみる。大人は最初から正しい結果へと誘導しない。失敗や不満足な結果が予測されても、よほど危険でない限り、あるいはやむを得ない事情がない限り、子どもにその結果に直面させよう。むろん叱ったり恥をかかせたりしたのでは、せっかくの自発的な探求も台無しになる。前にも述べたように、失敗するのは、子どもにとって基本的人権の一つなのだ。

うまくいかなかった時、大人が叱ったりバカにしたりしなければ、たいていの子どもはやり直そうとする。そして、よく考える子とは、失敗に強い子である。失敗してもイヤな思いをさせられた経験がないから、多少は気落ちしても、またやってみる。私の経験では、年少の子どもの場合、いちばんよく考えようとする子どもとは、失敗したときに思わず笑う子である。「ねえ、堀さん、ぼく、こんな失敗しちゃったあ」などと、わざわざ見せにくる子もある。こういう子は、本当に先が楽しみだ。

(4) 道具と財産としての知識

デューイは、実験学校を設立するにあたって、建物の中央に図書室と博物室を置こうとした。私たちも、知的探求としてのプロジェクトにおいて、既存の知識を大切にするつもりだ。プロジェクト活動をうまく進めるのに有効な道具となるからだ。観察するにしても、仮説を立てるにしても、また確かめるにしても、すでに獲得している知識や、新しく収集された情報は、何かと役に立つ。自主的に考える子どもとは、自分の持っている情報や技術を上手に使ったり、新しい情報をさがしたりする子である。知識は、よりよい生き方をさがすための道具である。しかし普通の学校では、それ自体が目的になっている。この自己目的化してしまった知識は、現実の生活からかけ離れていて、子どもの心をとらえることはできない。

プロジェクトと知識との関係について、もう一つ大事なことがある。プロジェクトは子ども自身が新しい知識を生み出す過程でもある、ということだ。新しい知識というのは、いうまでもなく「その子にとって新しい」という意味だ。抽象的な教材を使って伝えられた知識とは違って、子ども自身が創造した知識である。こうしてつくられ蓄えられた知識であるからこそ、その後のその子の活動で生きてくる。

つまり、活動を進めるのに役に立つだけでなく、視野を広げ興味を拡大してくれるのである。

要するに、プロジェクトにおいては、既成の知識や技術は道具として積極的に利用され、またプロジェクトの成果として創造された知識や技術は、さまざまな領域への新たな興味を喚起する。

以上を要約すると、プロジェクトとは、人間生活の基本に題材を求め、具体的で興味深い活動に手や体をつかって取り組み、新しい知識を生み出し、より広い興味を喚起する知的探求だということになる。

つぎに具体例を紹介しながら、実際に立案し進めていく上での留意点について考えてみよう。

2 プロジェクトの計画立案

(1) 年度初めの活動計画

図9は、一九九五年の年度初めにおける私のクラス、つまり「工務店」のプロジェクトの計画案である。工務店のテーマは「自分たちの生活空間を楽しくする」だ。自分たちの生活空間とは、教室と教室のすぐ外の庭、その少し向こうのグラウンド、そして最終的には彦谷地区の村全体である。開校からずっとこのテーマにそって活動が組まれてきた。活動の中身は大きく三つに分かれる。

1 園芸

a・花づくり…………種を蒔いて育てる、園芸店を開くなど。

b・庭づくり…………花壇を整備する、手洗い場をつくるなど。

図9　プロジェクトの活動内容（1995年度の工務店）

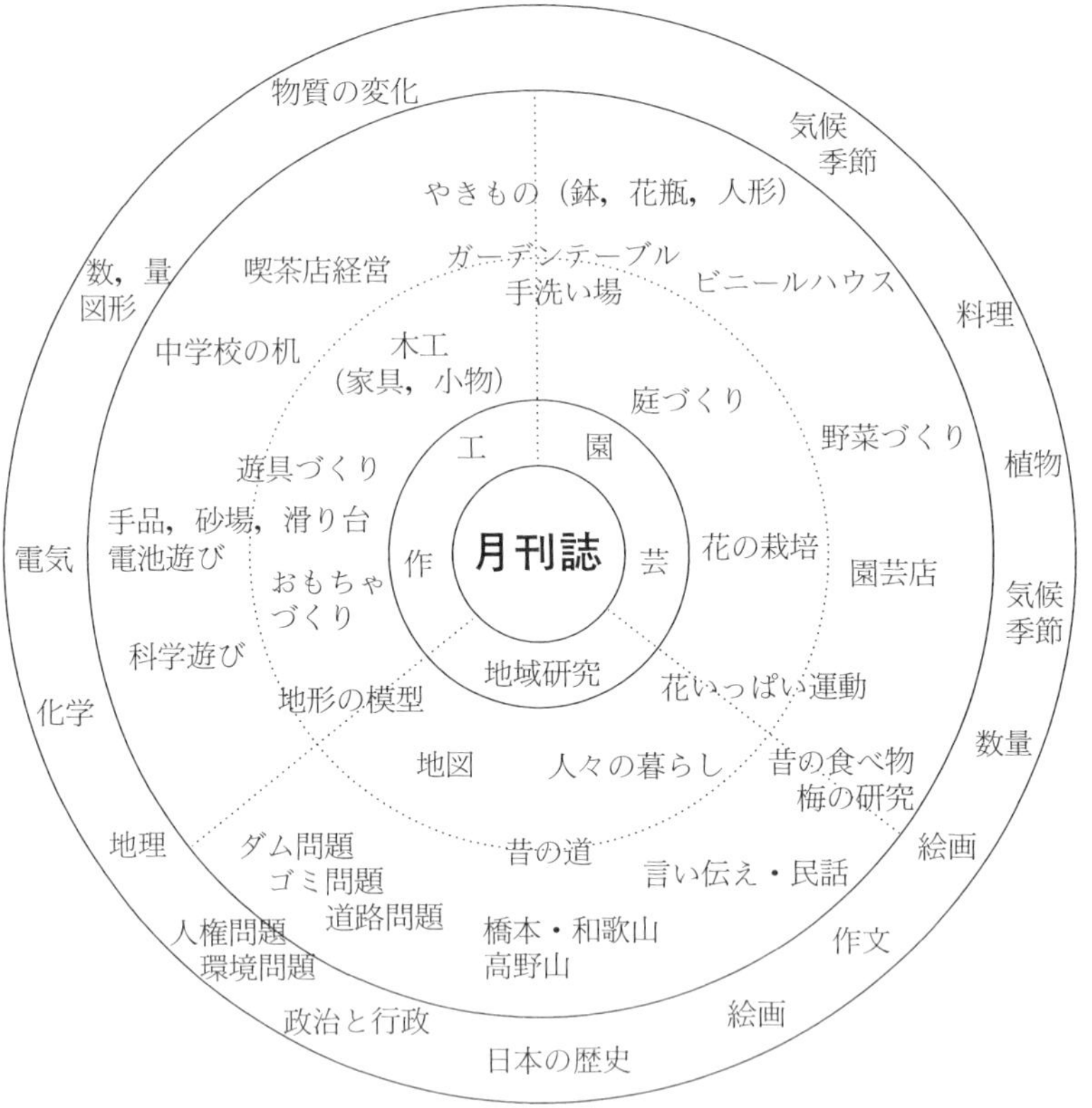

2　工作
a・木工……………家具や小物をつくる。
b・遊具づくり………水車、砂場をつくる、すべり台をつくる。
c・おもちゃづくり…パチンコ、乗り物、大型の風車などをつくる。
3　地域社会の研究……彦谷の村のことを調べる。

三つの領域は、孤立しているわけではない。互いに関連している。だから二つの領域にまたがる活動も生まれる。具体的には次のとおりだ。
園芸と工作　↓　ガーデンテーブルをつくる、手洗い場をつくる。
園芸と地域社会の研究　↓　花いっぱい運動（村に花を咲かせる）。
工作と地域研究　↓　学校周辺の模型をつくる。
こうした具体的な活動は、それと関連する諸活動へ、そしてさらに、より広くより抽象的な領域へと展開していく。真ん中の「月刊誌」とは、クラス雑誌の「マンスリー工務店」のことだ。子どもたちは、いろいろな活動の成果について、あるいは活動に関連して調べたり考えたりしたことを書く。こうして書きながら考えることが、活動の充実と新しい発見や発展のきっかけにもなる。クラスの雑誌は、すべての活動を集約する核、あるいは車の心棒の役割を果たしているといってもよい。またクラスの子どもたちの心をつなぎ合わせる役目も果たしている。いうまでもないが、書いたり調べたりすること自体が、基礎学習の「ことば」の学習でもある。

図10　「プロジェクト」１年間のあゆみ

きのくに子どもの村こうむてん　1995年度

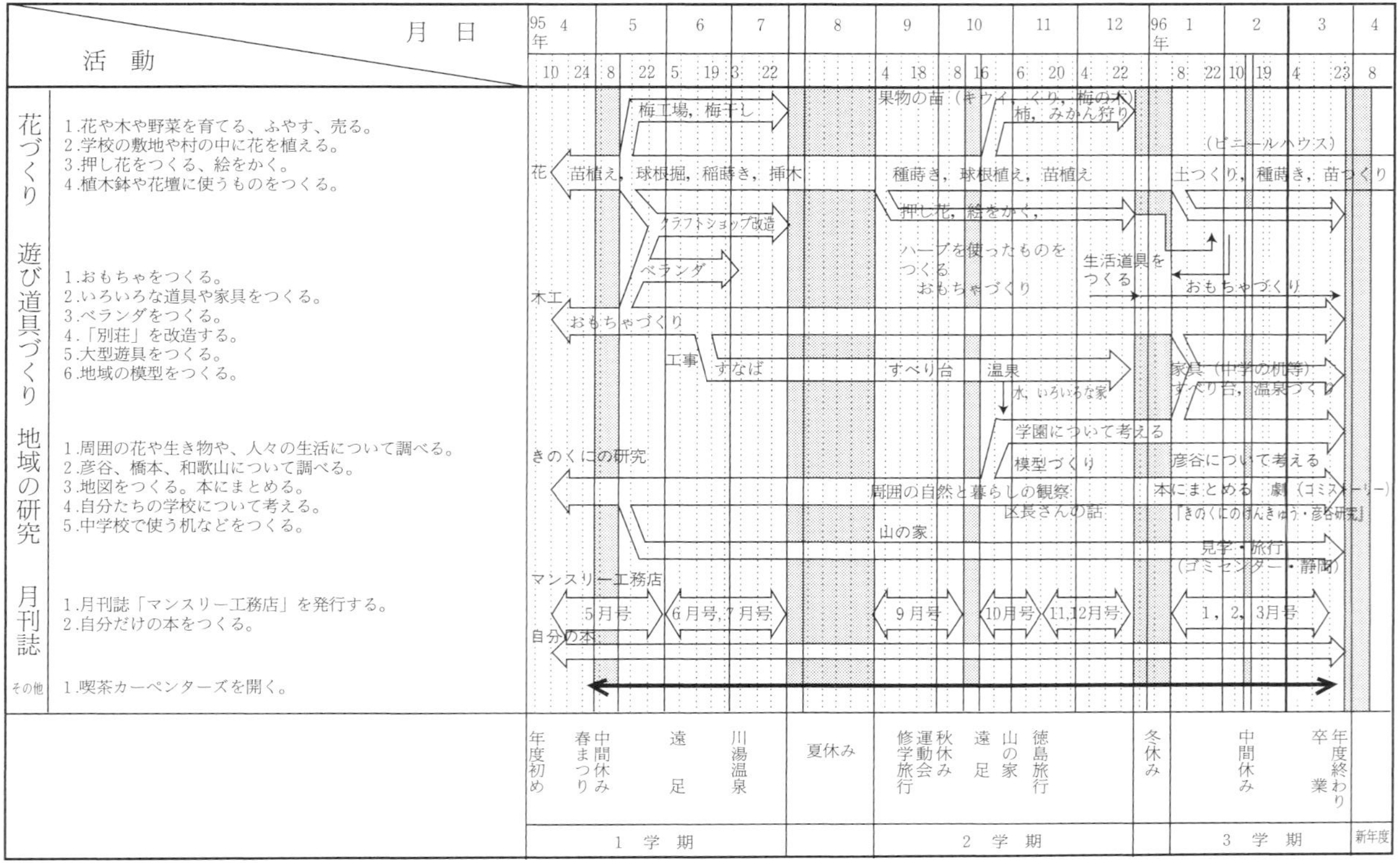

(2) 一年間の流れ

図10は、担任の二人が、新年度に入る前におおまかなプランとして考えておいたものである。前年度の子どもたちの様子や、年度末のミーティングなどを参考にしてつくられている。しかし実際にどう進むかは、まだわからない。子どもの顔ぶれが決まらないからだ。子どもの人数、年齢のバランス、工務店の活動の経験の有無などによって変わってくる。そのうえ子どもたちとミーティングを開いて、それから正式に決まることになる。もちろん年度の途中であっても、計画はしょっちゅう変更される。

この年の四月、工務店に落ち着いた子どもは三四人。予想以上の人数だ。そのうち新一年生が十一人で、そのほとんどが男の子である。元気のいい子ばかりだ。にぎやかなこと、このうえない。たのもしいけれど、なかなか大変な年になりそうだ。子どもたちは、私たちのプランにおおむね満足したのだが、一つだけ大きな変更が加えられた。露天風呂だ。みんなで進めるいちばん大きな仕事が、水車ということに決まりかけたのだが、いよいよ最終決定という段になって、高原恵ちゃんが遠慮しながらひとこと「お風呂」といったのだ。それが、あっという間にみんなの賛同を得てしまった。恵ちゃん、通称「めぐちゃん」は、開校の時から工務店にずっといる六年生だ。こうして丸山さんの積年の夢である水車は、今年も日の目を見ないで終わってしまった。

さて、この年のプロジェクトの主な活動は次のように進んだ。

四月ー五月

①ベランダづくり

教室の外に幅一メートル、長さ四メートルのぬれ縁をつくる。自分たちの生活の場を拡張する仕事だ。

一年生も元気にのこぎりを引き、釘を打つ。

②風車づくり

庭に木製の大きな風車を立てる。直径は五〇センチくらいある。いちばん高いのは四メートル近い。日々に緑の深くなる山里で、十数本の風車が元気に回り始める。なかなか風情があっておもしろい。

五月―七月

①クラフトショップの改造とベランダづくり

開校二年目にできた「別荘」（四平方メートル）をクラフトショップに改装し、その外側に幅一メートル、長さ二メートルのベランダをつくって、手すりをつける。

②砂場をつくる

みんなでつくる大型の遊具は、話し合いの結果、砂場とすべり台に決まる。しかも二つを合体させ、斜面につくったすべり台から砂場に着地する、という妙案が飛び出す。工事にきた水道屋さんにも手伝ってもらって、かたい土を掘り起こし、ブロックを買ってきてセメントで外枠をつくる。

①②の両方とも夏休みに入る直前に完成する。私が砂場、丸山さんはクラフトショップというように担任の二人が分かれ、子どもも好きな仕事を選ぶ。おおまかにいって、クラフトショップには年長の子や経験のある子が多く、砂場には小さい子や工務店は初めてという子が目立つ。

九月―一二月

①露天風呂をつくる

工務店の教室を出てすぐ左側、庭のはしっこに三平方メートルほどの風呂場をつくる。半分は湯船と洗い場、あとの半分は脱衣場だ。湯船は、以前に寮を改築した時に使わなくなったものをもらい受ける。屋根は、水田麻衣ちゃんの提案をうけて茅葺きに決まる。

②すべり台をつくる

グラウンドの隅の斜面からすべり降りる。高さはおよそ五メートル。斜面を削って脚をつくり、材木で組み立てる。かなりの大仕事だ。

一学期のクラフトショップ組と砂場組が、ほぼそのまま露天風呂とすべり台に分かれて作業に入る。すべり台はなんとか十二月の初めに完成したが、露天風呂は三学期にずれ込んでしまった。この年は早く寒くなったうえに、雨の日が多かったからだ。初めての経験である茅葺きの屋根にも苦労した。

一月―三月

①露天風呂をつくる

引き続き屋根を葺く作業に取り組むが、なかなか進まない。標高四五〇メートルの彦谷は、少しでも雪が降るとしばらくは溶けてくれない。屋外の水道は凍り付く。この年ほど天候に悩まされた年はない。年度の終わりになってようやく完成に近付くが、細部の仕上げは次年度に持ち越される。

②地域社会の研究

基礎学習の時間も使って、学校周辺の人々の暮らしや歴史などを調べる。村の中を見て回ったり、区長さんはじめ村の人（特にお年寄り）から話を聞いたりして、高学年の子が「彦谷《きのくに》の研究」という冊子にまとめる。一四四ページもある力作だ。低学年の子も、四月以来、散歩やドライブなどを繰り返していたが、三学期は村の模型をつくる。これもなかなか評判がよい。子どもたちがいちばん興味を示した

プロジェクト

◀ベランダの屋根づくり

▼別荘を建てる

◀露天風呂の脱衣場の屋根を
葺くための茅を刈る

▲露天風呂完成

▶ビニール袋をつかってこいのぼりをつくる

「わら仕事」区長さんが臨時講師▶

▼雑誌づくり

のが、区長さんから聞いた不燃物処理場の話だ。これは、最後は劇にして卒業式に披露した。題して「ネバーエンディング・ゴミ・ストーリー」という。

3　すべり台づくり

(1)　活動を始める前に

この年の工務店のプロジェクトは、「園芸」「木工」「地域社会の研究」の三領域でできていたが、すべり台づくりは、「木工」の中の「遊具をつくる」という活動の一つである。遊具といっても、子どもたちがそれぞれでつくる「おもちゃ」と、グループでつくる「大型遊具」がある。後者の候補にあがったのは、ほかにロープウエーがある。ロープウエーは、開校の時からずっと候補にあがっている。しかし、いまだに実現していない。

さて、すべり台づくりに集まったのは、一年から五年までの一七人だ。顔ぶれを見て驚いた。二年生の女の子ひとり以外は、どの子も新人なのだ。つまり新一年生が八人、転入してきた子と、ほかのプロジェクトから移ってきた子も八名。四月と五月に少し木工をしているとはいえ、力のいる仕事や細かい作業はまだむずかしい。しかし、どの子も意気軒昂なのだ。砂場を自分たちでつくったのだから、すべり台くらい簡単だと思っているフシがある。砂場へ向かって斜面をすべり降りる快感を想像して、もうすでに興奮気味の子もある。これからの作業がつらいものになるかも知れないのに、そんなことは考えてもみない。子どもたちは、いい意味で夢が大きくて楽天的なのだ。その一年前に喫茶店を建てた時も、何を建てるかのミーティングをしたところ、「二階建てにして、上はホテルで下は喫茶店」などと壮大なプランを提案した子もあって、しかもかなりの賛同を得たものだ。

こういう時、子どもたちの夢と現実のバランスをとるのは、なかなかむずかしい。子どもたちは、できるだけ長いすべり台をつくりたい、しかも、自分たちの力だけで仕上げたいと思っている。しかし、予想される困難は、彼らの予想を越えている。つまり、

1　斜面の土はかたい。なかば岩石のようなものだ。そこに、すべり台の脚をのせる基礎工事をしなくてはいけない。子どもにとっては、気の遠くなるような作業のはずだ。

2　斜面では、基礎工事でも大工仕事でも姿勢をとるのがむずかしい。

3　全長一二メートル近くになるので、材木の長さを測ったり切ったり組み立てたりする作業に、とても長い時間がかかりそうだ。

4　高い所へのぼるのが苦手の子もあるだろう、等々。

もちろん教師の私も、子どもたちにできるだけ大きな仕事をしてもらいたいし、なるべく自分たちで進められるように配慮してやりたい。そこで私は、おおよそ次のような方針でのぞむことにした。

1　(個人差に応じた作業)すべての子に、無理に同じ作業をさせない。年齢、腕力、経験などを考慮して、無理のない、そして安全な仕事をしてもらう。ただし、簡単すぎる仕事よりも、少しむずかしめの仕事の方が子どもの心をとらえる。むずかしすぎてはいけないが、やさしすぎるのも問題なのだ。ついでにいうと、こういう長い時間を要する仕事では、いつもすべての子どもが活発に動くとは限らない。特別の理由がなくても気分の乗らない日もある。こういう時は、誘いはするが無

理強いはしない。ただし邪魔をしてはいけない。また後片付けは、みんなでおこなう。

2　（遊びの要素）子どもにとって、工事はつらい仕事であると同時に、遊びそのものでもある。常識的に考えれば、仕事とは目的を実現するための作業だ。遊びは、それ自体が目的である。別の目的のための手段ではない。普通には、仕事はつらくて遊びは楽しいと思われている。しかし実際には、必ずしもそうとはいえない。例えば登山家は山に登ることそれ自体を目的として登るのだが、大変な事前の準備が必要で、また苦難に耐える精神力や肉体を持たなくてはいけない。私たちのプロジェクトも、仕事の要素を持った遊び、あるいは仕事であると同時に遊び、または「つらいけれど楽しい遊び」といってもよい。たんなる自由遊びでもなければ、教師から強いられた肉体作業や手仕事でもない。「しんどいけれど、おもしろい」あるいは「しんどいからおもしろい」と子どもたちが感じる活動にしたい。

こんなことを考えながら私は、すべり台の最上部あたりに二本のロープをセットし、三、四〇センチごとに結び目を作って斜面に垂らしてみた。すると思惑通り、子どもたちは、そのロープを使って斜面を上り下りするのを楽しむようになった。高い所はいやだといっていた子も、何度でも登ったり下りたりする。そのうち、これを使ってブロックなどの重い物を引き上げられるとわかった時、活動は一気に盛り上がったものだ。

3　（時間の余裕）長い時間をかける。時間を十分にとらないと、どうしても教師の指示や誘導が多くなる。ドールトン・プランの創始者パーカストは、「自由とは、自分に必要なだけの時間をとることである」といい切っている。私は、このすべり台づくりには、たっぷり三カ月を見ておくことにした。ただし一二月に入ると、めっきり寒くなる。その前には終わりたい。

4 （明確な目的の共有）子どもたちにでき上がりのイメージを持ってもらう。子どもたちの意気があがるのは、つらくても楽しい遊びだと感じられた時だ。と同時に、自分たちの作ろうとしているものが、一人ひとりに生き生きとイメージされる時である。目的が共有され、その目的遂行のために自分に何ができるかがわかった時、子どもたちは多少の苦労には進んで耐えようとする。こうした明確な目的を共有してもらうためには、ミーティングがどうしても必要になる。例えば、すべり台の幅や手すりの高さは、実際に板の上にすわって、適当な手すりの高さを肘で感じてみる。すべり台づくりの長いプロセスで、折に触れてこのような話し合いや実験をおこなう。

(2) 子どもたちの成長

さて、私たちのすべり台は、次のような段階を踏んでつくられていった。

1 基礎工事をする。斜面上にすべり台の位置を決めてから、脚をすえる場所を小さなつるはしと小型の削岩機で削る。この作業は、最初はおもしろいが、だんだんつらくなる。いつの場合でも基礎工事はつらい。下を向いての仕事であるうえに、まだ展望が開けない段階なのだから。できた足場にブロックを二段に積んでセメントで固める。

2 すべり台の幅や手すりの高さを話し合いで決め、板や角材を切っていく。幅はすぐに四五センチに決まるが、手すりの高さは、ミーティングのたびに変わる。実際に肘に当ててみると微妙に違うのだ。いちばん多くの子が「これでいい」という高さに落ち着く。子どもたちの決めたすべり台の大きさに合うように、材木の大きさを決めて発注しなくてはいけない。これは、私の仕事だ。そこまでこの子どもたちに期待するわけにはいかない。

3　現場へ運んで組み立て始める。完成品の姿がイメージしやすくなるにつれて、子どもたちの動きが活発になる。特に釘を打つ作業は、心理的な解放感を味わわせるのにも適しているようだ。にぎやかでたくましい金槌の音が山里にこだまする。

4　すべってみる。まずまずのできである。それから防腐剤を塗り、全校集会で使用上の注意をアナウンスする。ただし気の早いほかのクラスの子が、完全にでき上がらないうちに土足ですべったために、表面に貼ったビニールが破れてしまう。全校集会の議題に取り上げてもらう。工務店のクラスでささやかな完成パーティをした後、この活動は終わる。

この活動で子どもたちは、どんなことを経験し学んだだろうか。感情、知性、人間関係の三つの面に分けて考えてみよう。

〈感情面の成長〉

いちばん大事なのは、大きな仕事をなしとげたという満足感である。高い所に登り、かたい土を掘り、重いブロックをセメントで固め、四メートルもある長い材木を運びあげ、金槌をふるって、苦労の末に仕上げたのだ。長さも、遊園地のすべり台の二倍もある。子どもたちとしては、「つくった！」というよりも、「できてしまった！」というのが実感だったかもしれない。初めから「つくれる」とはっきり見通していたわけではなくて、「本当につくれるだろうか」というのが、彼らの正直な気持ちだったに違いない。「ぼくらにもできたんだ」という驚きをともなった達成感は、大きな自信を生んだ。

大きな仕事が満足感と自信を生むと同時に、個々の作業そのものも無意識的な解放感を味わわせたと思われる。かたい土を力いっぱい掘り起こす、木材を切る、釘を打ちつける、電気ドリルで穴を開けネジをねじこむ。こういう作業は、内心の不安や緊張を和らげ、またアドラー（Adler, A.）のいう「力への意志」を満足させるのに役立ったと思われる。これらの作業そのものが、いわば治療的効果を秘めているのである。斜面をよじ登ったり、高い所でスリルを味わいながらの仕事も、同じ効果があっただろう。

〈知的な成長〉

すべり台づくりに集まった子どもは全部で一七人。年齢も違えば性格も違う。何ごとにつけても慎重な子もいるけれど、頭より先に手の動く子も少なくない。人より先にしないと気のすまない子もある。こういう子は、切ってはいけないところを切ってしまったり、釘やネジの大きさが違ってやり直さなくてはいけなくなったりする。こういう時、ほかの子どもは大変な剣幕で文句をいう。私は、叱りはしないけれど、間違いには気付いてもらう。こういうことの繰り返しの結果、どの子も、いきなり行動に移らないで、ほんの少しでも間をおいて、見通しを持って作業にとりかかるようになる。

大工仕事は、結果がわかりやすい。木の長さが足りない。釘が出ていて、当たると痛い。取り付けが弱くてはずれそうだ。こういうのは、小さな子どもにもはっきりわかる。大人が○や×をつけなくても、自分で結果を確かめやすい。つまり大工仕事は、自分でやってみて、自分で検証するのにも向いている。「堀さん、これでいい？」としょっちゅう尋ねにきた子が、やがて「堀さん、これでいいでしょ？」というようになり、やがて子ども同士でまず確かめるというようになっていく。ひとことでいえば、こうしたホンモノの「すごい仕事」は、子どもたちが小さな科学者になっていくのに向いている。

それだけではない。すべり台づくりは、さまざまなことを学ぶきっかけを与える。まず、すべり台から首尾よく砂場に着地できるようにするには、位置を決め、長さや角度を考えなくてはいけない。基礎工事の砂とセメントの比率を正しくしないと、丈夫な土台はできない。材木の種類や購入費用も問題になる。板の枚数や角材の本数も大事だ。いやでもかけ算を意識する。完成までのスケジュールを考慮して日数や時間の計算も必要になる。板の厚さとネジや釘の長さも考えねばならない。土台の間隔などをだいたい同じ間隔にするには、実践的なわり算も必要になる。間隔がまちまちというのは、子どもらのプライドが許さないのだ。こんなわけで、すべり台づくりは算数がいっぱいの仕事なのである。そして、ここで出てきた問題は、基礎学習の「かず」の時間でも取り上げられることになる。

すべり台づくりは、ほかにもいろいろな教科の内容と結び付いている。一つだけ例を挙げよう。社会の地理の学習を兼ねて、徳島への一泊旅行に出かけたのだ。ことの起こりは、I部の最後に登場した切中君のお父さんである。建設現場でいらなくなったボイラーがあるので、欲しければ露天風呂にどうぞ、といってこられたのだ。むろん子どもたちに異論のあろうはずがない。さっそくミーティングを開いて、いただきに行くことに決める。子どもたちは旅行が大好きだ。旅行は、総合学習にもっとも適した活動である。地図を調べ、費用を計算し、自分たちでフェリーやユースホステルを予約し、ついでに古い茅葺きの家も見学することになる。そして、なんと長さが一〇〇メートルもあるすべり台（羽の浦町）へも回った。これが、今回の旅行でいちばん子どもたちの印象に残ったようだ。

〈社会的な成長〉

これだけ大きなものをつくるとなると、どうしても話し合いが必要だ。クラスの中でも現場でも、あるいはバスの中でも、たびたびミーティングが開かれた。問題点が見付かった時や、子どもが新しいアイディアを出してきた時など、なんべん「ちょっと集まってぇ！」と声をかけたことだろう。プロジェクトというのは、話し合いの多い活動なのだ。

話し合いでは、自分の考えをしっかり持っていた方がよい。そうしないと声の大きい子のいう通りになったり、大人の顔色をうかがったりすることになる。それでは楽しくない。時には全員がなんとなく黙ってしまう。こういう場合、教師である私も、あるいは議長の子も、ゆっくり待ったうえで、一人ひとりに意見をいってもらうこともある。また、何が問題なのかもう一度整理したり、「AというやりかたとBというやり方とCというやり方があると思うんだけど……」といったりもする（いちばんいいと思われるアイディアは、わざといわない）。大人は、ただただ子どもの発言を待つというわけではない。

いずれにしても、話し合いの上手な子とは、自分の考えを持つ子であり、それを自分のことばで表現できる子である。そして、たくさんの子どもがいろいろなアイディアを出す時、ミーティングは盛り上がり、素敵な問題解決ができる。こうして共有された目的は、その後の仕事を導くと同時に、みんなの心を結び合わせる。民主的な集団とは、自己主張のできる子どもが、話し合いを通じて目的を共有する集団である。こういう集団では、年齢や体力や経験などを異にする子どもたちが、無理なく役割の分担もできる。ただたんに仲がいい集まりではない。すべり台づくりをやり遂げた子どもたちは、共通の目的に向かって心を通わせた仲間なのだ。そして、さいわいなことに、こうしてできた作品は、目に見える形でいつまでも残る。実際的なものをつくるのは、こういう意味でも有力な活動だ。

すべり台づくりは、子どもたちの社会性の成長をうながしただけではない。徳島へ旅行に出たり、世界の遊園地について調べたりもした。広い社会への興味を育てることにもなっていったのだ。

プロジェクト：すべり台づくり

◀斜面に電動ドリルで基礎工事

完成初すべり▶

4 怖い話から小数の計算へ

——基礎学習の実際——

前の学校の子が、「きのくになんて算数おくれてるやろ。あんなとこいったらアホになるで」といったけど、わたしは、前の学校で勉強している時は、ぜんぜん頭に入らなかった。だって自分がわからなくても、すぐ次のとこへいっちゃう。きのくにでは、自分のわからない所を、わかるまでやっていられる。それに算数だけが勉強じゃない。かずとことばの時間以外に、いろんなことを学んでいるのです。家だって作れるし、ミーティングでみんなで話し合って、きのくにの子どもの方が頭がいいと思う。（水田麻衣、一二歳）

1　基礎学習と個別化・個性化　――小学校

(1)　基礎学習と教科学習の考え方

きのくに子どもの村では、プロジェクトが子どもの活動の中心である。小学校では週一四時間、中学校でも一〇時間あてられている。前にも述べたように、基礎学習や教科学習では体験学習の原則がやや後退する。抽象的な教材も入ってくる。しかし、できるだけプロジェクトと結び付けておこなわれる。つまり基礎学習の内容であっても、プロジェクトの中で、あるいはプロジェクトと関連させて扱われる。したがって基礎学習そのものの時間は、普通の学校の国語と算数よりも少なくて週七時間だ。と同時にプロジェクトの活動で生まれたさまざまな問題が、基礎学習の題材として取り込まれる。例えば、すべり台をつくるのにどうしても必要だった長さの単位が、基礎学習の「かず」の中であらためて学習される。

いうまでもないが、基礎学習でも、教師が主導権を取るのではなくて、子どもが好んで取り組むことが大切だ。そして、全員が同じ教材で一斉にではなくて、それぞれの子が違った教材を学習してもよい。同じ教材であっても、進むペースは異なってもかまわない。だから、基礎学習では子どもが自発的に学習でき、そして一人ひとりの諸条件に合っている教材や環境を用意するのが教師の仕事になる。

基礎学習のねらいは基礎学力の習得である。しかし基礎学力とは何だろうか。「基礎」といっても、どこまでが基礎なのか。どこからが応用なのか。どうしても必要な基礎とは何なのか。人によって考えはさまざまに違っている。最も狭くとらえれば、基礎学力とは「読み書き算」ということになるだろう。しかし「読み書き算」の中身はどこまでかということになると、また意見が分かれる。基礎学習を最も広く解釈すると、「自立した国民として、社会生活をいとなむ上での基礎的な資質・力量としての〝最低限の必要不可欠な能力〟」などと定義されることがある（『新教育学大辞典』第一法規）。しかし、ここまで広く抽象的に考えられると、かえって基礎学習の中身があいまいになってしまう。

私たちは、基礎学習を最狭義の「読み書き算」よりもやや広くとらえ、国語と算数のうち、どのプロジェクトにおいても有用で、一定の年齢段階で習得しておいた方が有利と思われる内容に限定している。つまり教科書の中身のエッセンスを取り出して学習する。だから機械的なドリルはできるだけ避ける。少なくとも教師の方から要求はしない。世間では学力の「定着」には反復練習が不可欠と考える人が多い。しかし、これこそが子どもたちからいちばん嫌われている考えである。そして時間と労力の浪費であり、いわゆる勉強ぎらいがふえる原因なのだ。むしろ私たちは、基礎学習で学んだことをプロジェクトや普段の生活で利用する方を大事にする。

もっとも私たちの学園がスタートした最初の一年間は、基礎学習は学年ごとにおこなわれていた。基礎学習の時間になると、各クラスから決められた教室にやってきて、担当の教師がその学年を受け持ったのである。これは、教師の方が異年齢のプロジェクト学級での指導に慣れていなかったからだ。いわば現実、それも大人の側の条件との妥協だったのである。しかし二年目からは、プロジェクトの担任が基礎学習の指導もするように変えられた。その理由は、次のとおりだ。

① たとえ学年ごとに集まっても、そのグループの中でも、一人ひとりに合わせて指導しなくてはい

けない。

② もとの異年齢クラスの方が、それぞれのプロジェクトの活動と結び付けた指導がしやすい。

③ もとの担任が指導するので、一人ひとりの子どもの力やその時その時の状態、つまり体調や気分などをよく理解できている。

④ 天候などさまざまな条件に合わせて、プロジェクトと基礎学習の時間を柔軟に振り替えることができる。

いうまでもないが、新しいやり方の方が、子どもたちにも大人にも好評である。

(2) 漢字プリントの暗号解読

「ことば」の時間に漢字のプリントをしていた福井洋翔《ひろと》くんが、すっとんきょうな声をあげる。

「あれっ、なんでカヨちゃんが漢字の練習するんや！」

隣の笹倉正太郎くんが身を乗り出す。

「なんやて？」

「見てみい。〈東田さんが漢字の練習〉って書いてあるやんか。」

東田さんというのは、自由選択の時間にジャズダンスを教えにきてくれる非常勤の先生だ。洋翔くんと正太郎くんが声をそろえて私にたずねる。

「なあ、堀さん。東田さんが漢字の練習って、なんでや？　カヨちゃんはダンスの先生やで。」

「さあね。なんでやろな。ようく見てごらん。」

二人はまたプリントに目を落として調べている。しばらくして正太郎くんが喚声をあげる。

「ああっ！　練習の練という字や。東が入ってる！」

「ほんまや！」

「ちょっと待て。隣のはどうや。えーと『吉田くんが細い糸を結ぶ』、吉田くんが……ああっ！」

やがて二人は「堀さんの仕掛けたナゾ」を解くのに夢中になる。ナゾは、いろいろなところで仕掛けられている。

〈大きな太った犬〉

〈薬をのんで楽になった〉

こういうのは、わかりやすい。

〈料理の上手な上山さん、ウソの下手な山下君〉

これは少し時間がかかる。次のようなのは骨が折れる。

〈タヒチ島で死んだ〉

「なんでタヒチ島で死ななあかんのやー。」

「タヒチ島って、どこにあるんやろ。」

などと、ワイワイいっている。これは私のつくった「漢字マスターカード」のプリントだ。今のところ①から③のシリーズまで、つまり一年から三年までの「学年配当漢字」の分しかできていない。時間を見つけて、もう少し上までつくってみたいと思っている。各シリーズは、メインのプリントと読み仮名の練習用セット、および書き取りの練習セットの三部構成だ。メインのプリントはＢ４の大きさで、上段に右のような漢字を含んだ語句が並んでいて、ふり仮名が書いてある。下段はふり仮名のところは（　）になっていて、子どもが自分で書き込む。メインのプリントが終わると、Aセット、つまり読みを書き込むためのセットに進む。それがすむと今度は、Bセットつまり書き取り用だ。メインの語句につけられた番号と同じものが、A、Bの両方のセットにもついている。だから、読み仮名や書き方がわからなくなると、メインのプリントの番号を見ればよい。教師に尋ねなくてもすぐにわかる。

子どもたちは、よくこんなことをいっている。

「ぼく、もうだいぶ進んだ。だけど、まだ堀さんの所へは持って行かへん。どっさり持っていって、堀さんを疲れさせたるねん。」

堀さんの所へ持っていくというのは、見せて点検してもらうという意味だ。私はピンクかオレンジ色の太めのサインペンで○をつけて、最後は大袈裟に“Perfect”と書く。間違っているところがあると、「ここ、もう一度よく見て書いてね」などといってから、やはり○をつけ、同じように“Perfect”と大きく書く。ニャロメやドラえもんを描いてやることもある。

子どもたちは、一人ひとり進度表を持っていて、進んだところまでサインペンで色を塗っていく。つまりこれは、子どもたちがそれぞれのペースで、しかも自分で進んで漢字を学ぶための手づくり教材だ。まだまだ試作品の域を出ていないし、それに、これが私たちの学園の特徴だと誤解されても困るのだけれど、子どもたちは結構たのしんでいる。また、こういう教材をつくるのは、教師にとっても楽しみである。ついでに付け加えておくと、〈東田さんが漢字の……〉のシリーズは三年生用であり、洋翔君と正太郎君の二人は、どちらも二年生である。

(3) 校長はパチンコの名人？

私の教室にはパチンコ玉が六千個ほどある。カサはそれほどでもないが、ずしりと重い。中には「堀さんはすごいなー。パチンコでこんなに勝ったの？」などと感心している子もある。私が勝って取ってきたのかどうかは別として、このパチンコ玉が威力を発揮するのは、いうまでもなく「かず」の時間だ。たくさんあって、きらきら光って、しかもジャラジャラと音がするのがよい。これをヨーグルトなどの空き容器に一〇個ずついれ、「一〇のかたまり」をつくって並べていく。それを一〇個まとめて、もう少し大きな容器に移し、一〇〇のかたまりをつくる、それをさらに一〇個集めて一〇〇〇のかたまり……というようにつくっていく。普通の学校の子が教科書で、まだ「1から5までの数」を教わってい る時に、きのくにの一年生は一〇〇〇という数を感覚的につかんでいく。もちろん彼らは、勉強している というより、遊び感覚で楽しんでいる。

パチンコ玉は別の学習にも使われる。例えば細長い板に、ちょうどパチンコ玉が通る幅のステンレスの枠が取り付けられ、一から一〇〇まで目盛りが打ってある。数の大きさを感覚的にとらえるのにも向いているし、「〇個ずつ何回入れたら何個になる」というのが目で見てすぐにわかる。つまり「九九」への導入の段階で、これを使って遊ぶのだ。

「あのな、4個ずつ入れていったらな、五〇の時ははんぱやったのに、一〇〇の時はぴったりになるで。」

「へーっ。じゃあ、3個ならどうや。」

「3は、あかんかった。」

子どもたちは、基礎学習の時間以外にも、これをホールに持ち出し、いろいろな発見をしながら遊んでいる。

ところで普通の学校では、九九を教える時に、まず「九九がいえる」ように子どもたちを指導する。「とにかく覚えてしまいなさい」というわけだ。私はまず、こんな遊びから入って、色を塗り分けたりしながら、九九の表をつくっていく。九九の表ができても、まだ暗唱はしない。九九を応用した問題を解くようになっても、わり算に入ってもまだしない。九九表を見ながら解く。しかし、少しずつ「4のところは、4－8－12－16というように進んでいく」ことを感覚的に覚えていく。そのうち子どもたちの中から「いっぺんいっぺん九九の表を見るのは面倒臭い」と感じ始めてきた頃、初めて暗唱の仕方を提示する。むろん暗唱のチェックはしない。大事なのは、九九の仕組みが感覚的にわかることだ。丸暗記できることではない。

私は不勉強で、こういう九九の教え方について過去にどんな研究がおこなわれているのか知らない。今のところまずまずだと思っているので、もう少し今のやり方を続けてみるつもりだ。

(4) 彦谷の幽霊

彦谷には幽霊が出る。こんな噂が立ったのは、今から五年ほど前だ。ちょうど学校ができる直前である。村の手前一キロほどのところに、橋本市の不燃物処理場があって、そこに女の幽霊が出るというのだ。地元の新聞にも載ったらしい。噂が噂を呼んで、だれそれが首を締められたとか、車を走らせていたら、途中で女の人が乗せてくれというので乗せたら、途中でいつの間にかいなくなったとか、あげくのはては生首がころがってきたとか、そんな気持ちの悪い話が広まった。そのせいでタクシーの運転手がいやがって、夜は彦谷の村へ来るのを拒否するようになったくらいだ。幽霊が出たかどうかは定かではないが、タクシーが来てくれなくなったのは本当だ。

私は、「ほんとにあったきのくにの怖い話」シリーズに、この噂を取り上げることにした。「ことば」の時間に、手づくりの話を子どもたちに聞いてもらっていたのである。子どもたちは、怖い話や幽霊の話が大好きだ。村の中を散歩していても、私の話を思い出して、「ほら、ここが昔マムシが寄り合いを開いた橋や」とか、「あの坂道のところで小太郎が神かくしにあったんや」などと話している。週末に自宅に帰ってトイレに行く時、ポケットにキュウリを入れていく子もあったそうだ。カッパが「しりのごんぼ」を抜きに来るのを防ぐためだ。夕方、小さな子どもが二、三人で、スコップを持って寮の近くの山を歩いているのを見かけることもある。「ポコのたからもの」という話で、「寮の近くの山でタヌキが小判を埋めた」というのを聞いた子どもたちだ。たからものをこっそり探し出すのだそうだ。

それはともかく、この幽霊の出る話では、夜はタクシーがゴミ処理場を避けて、隣の谷《たに》奥深《おぶか》の村を回るようになった。時間はかかるし、料金も高くなって、みんなとても困った、というようにストーリーが進んでいた。そこで子どもの間から、「遠回りといってもどれくらいの回り道なのか」という疑問が出てきた。こういう疑問を有効に利用しない手はない。あらかじめルートの地図をわたし、車の距離計で計りながら両方の道を走ってみることにした。この時は、一年生と二年生の子ばかりだったのだが、少し欲張ってみようと考えた。小数点と四捨五入を導入してみたのだ。そこで、主なポイントごとに小数点以下1位まで距離をメモしてもらい、あとで黒板に磁石のタイル（これも手づくり）を用いて集計する。もちろん「小数点」などというむずかしい用語は使わない。「はんぱ」ということばで十分だ。

「あっ！　ちっこいの一〇個あつめたら、一個になるやんか！」

「ほんまや！」

小さな「はんぱ」が一〇個そろうと大きな一個ができる。この仕組みを一年生の子でも、あっという間に理解する。理解するというより、発見するといったほうがよい。「はんぱの多い場合」と「はんぱが少ない場合」にも注意を向けてやる。子どもたちは一生懸命に考える。

「たくさんある時は、大きな一個と同じにしてやったらいい。」

「少ししかない時は、そんなもん放ってしまえ。」

「そんなこというたら、かわいそうや。」

興奮して大声を出す子もある。私もそれとなく口をはさむ。

「たくさんある時と少ししかない時といっても、どこで分けたらいいんだろ？」

「それは、ええと……」

「4か5か6のあたりが、ちょうど真ん中や。」

このテーマは、自分たちの体重を全部合わせたら、堀さんと小錦を合わせたのとどっちが重いか、という問題でしめくくられた。ヘルスメーターを使って〇・五キロ単位で体重を計り、長い足し算をしてみると、答えは「自分たちの方が重い」と出た。子どもたちはこれにも大満足である。こうして一、二年生が、小数点のついた計算と四捨五入の仕組みに気付いていった。もちろん彼らは、小数点とか四捨五入とかいうことばは覚えていないだろう。この段階では、むしろ「はんぱのある計算」とか「はんぱの多い少ない」とかいった感覚的なことばがぴったりだ。念のためにいえば、これらは教科書では、三年の終わりから四年にかけて出てくる単元である。

この学習は「ことば」と「かず」、そしてプロジェクトの大きなテーマである「地域社会の研究」とが、ひとつに結び付いたおもしろいケースである。

2　中学校の教科学習と進路指導

(1)　少ない時間で重点的に教科の学習

きのくにの中学校の五教科の時間は、国語、社会、理科が週に各二時間、数学と英語がそれぞれ三時間である。普通の学校よりもだいぶ少ない。きのくにでは、残りの時間はプロジェクトや個別学習に振り向けられている。プロジェクトと個別学習は各クラスの担任が指導するが、教科はそれぞれの教科担任が授業をする。

国語の担当は鈴木慶太君、三〇歳。子ども服のミキハウスから来てくれている好青年だ。通常の授業のやり方のほかに、ビデオ教材などを使ってことばの感覚を育てたり、ディベートを開いて討論の練習をしたりしている。

「社会」も教科書通りというよりも、子どもたちの興味をひくテーマやトピックを取り上げ、そこから広く地理や歴史や社会問題について考えるように工夫している。例えば歴史では、年代順に年代や人名を覚えるというのとはまるで正反対のやり方だ。いろいろなテーマに即して、人権や差別、資源問題、戦争と平和といった問題について考えたり、レポートを書いたりする。開校してしばらくは校長の私が担当していたが、九六年度は特別講師の滝内さんが来てくれている。

理科の担当は松戸惇さん。千葉から単身赴任している元小学校長だ。時間数が少ないので、重点を置くべき単元を決め、ほぼ毎回とも実験を中心に授業を進めている。小さな学校の乏しい実験器具を使って奮闘してくださっている。

数学は、ほかの教科とは少し変わっている。それぞれの学年で二つのグループがあるのだ。一つは、ほぼ教科書の順を追って学習する子どもたちで、もう一つは個別に学習するグループだ。後者には大きく分けて二つのタイプの子どもが属している。一つは、数学があまり得意ではないので、後もどりしてじっくりとやり直そうという子どもだ。もう一方は、教科書組の子よりも先を進んで自習する子どもである。教科書組の担当は事務室のドン梶原さん。個別学習のグループには、前述の鈴木君と旅行社の担任の遠藤さんがいて、質問があれば教えてくれる。遠藤さんもミキハウスから来てくれている。

英語の担当は私自身だ。教科書の中身を念頭に置いてつくった手づくりプリントを教材にしている。文法よりも文型練習が中心だ。「英語は頭で覚えても無駄。舌と唇で覚えよう」というのが口癖である。週に三時間ずつ取ってあるが、外国の人々の生活を知るためのビデオなどをよく見るので、実際の授業時間は、普通の学校の時間の半分くらいだ。しかし、みんななかなか力をつけてくれている。

(2) 普通の進路指導は一切しない

講演会の後で質問を受けると、いつもきまって高校進学の問題が出る。

「きのくにの方式が素晴らしいのはよくわかりますが、現実問題として高校進学はどうなりますか。子どもたちは困るのではないでしょうか。」

中にはもっと露骨なものの言い方をする人もある。

「どんなに自由を謳歌しても進学できなければ、なんにもなりません。そういう子どもらを、どうなさるおつもりですか。」

きのくにの子どもは、通常の学力では落ちこぼればかりだといわんばかりだ。おあいにくさま。きのくにの子どもは創造的にものを考える力ではどこにも負けないし、いわゆる受験学力にしても特別に遜色はないのだ。例えば九六年度の三学期現在の実用英語検定、通称「英検」の成績は左表の通りである。まだ受験していない子は、英語が苦手だからというわけではない。

	生徒数	受験者	5級合格	4級合格	3級合格
1学年	12	7	7		
2学年	16	7		7	
3学年	13	11	2	4	4
合　計	41	25	9	11	4

私たちの学園は、開校してからまだ五年しか経っていない。だから卒業生の現在の様子を調べることは、当分の間できない。しかし「世界でいちばん自由な学校」といわれ、授業への出席をまったく強制していないサマーヒルの生徒の学力検定試験での成績を調べてみると、むしろ普通の学校の生徒よりもよい成績を取っている。また卒業生も社会に出て立派に生活している。学問の最前線で活躍している人もある。くわしいことは、私の書いた『ニイルと自由の子どもたち』（黎明書房）をごらんいただくとよい。

さて、きのくにの中学校を出た後の進路について、心配する保護者がいないのかというと、そんなことはない。我が子の進む道について考えない親はいない。しかし私たちの基本方針は次の通りだ。

「学校が持っている情報はいつでも提供する。相談にもいつでも乗る。しかし普通の学校のような進路指導は一切しない。進路は、自分で探して決めなければならない。その準備も自分でしなくてはいけない。」

もう少し具体的に説明しよう。

1 普通の学校では保護者に対して進路説明会を開く。きのくにでは開かない。

2 普通の学校では、受験勉強をするように、生徒に要求したり説得したりする。きのくにでは、そのようなことはしない。

3 普通の学校では、教師がいわゆる偏差値を割り出して、生徒の進路を決める。あるいは教師の勧める高校を受験するように強く迫る。偏差値が高校選択の基準となる。きのくにでは、自分が将来やりたいことを基準にして自分で決める。

きのくには、自分のことは自分で決める学校だ。そして進路こそは自分で決めなくてはいけない最も大切な問題だ。どんなに苦しくても、自分で考え自分で選択しなくてはならない。そして実際、きのくにの中学生たちは、苦しい思いに耐えて、自分の進むべき道を選んだのである。

このような学校の姿勢に対して不満や不安を持ち、子どもたちに受験に精を出すように仕向けて欲しいとか、何がなんでも受験に役立つ授業をして欲しいとかいってきた保護者は、さいわいなことに今のところきわめて少ない。

5 隠れ里の自由学校?

──きのくに子どもの村の五年間──

ぼくは、小5の時にきのくにに入学した。……最初の頃は、何も考えないで、勉強もあまりせずに、パソコンに明け暮れしていたこともある。かなりもったいないことをした。まだきのくにの価値に気付いていなかった頃の話である。あの頃の時間をやり直したくなることがある。

きっと、きのくにには、こういうことを学ぶ学校なんだろう。だから、残り少ない貴重な時間を大切に使おうと思う。たぶん、高校へ行っても、きのくにで学んだことは、ずっと忘れないだろう。つまり、ぼくの生きる上で、きのくにとは、ずっと一緒というわけだ。(高原義之、一五歳)

1　五年間を振り返って

(1)　多くの人の手で

きのくに子どもの村学園は、九二年にスタートしてから、ちょうど五年が過ぎた。中学校が開校してからは三年、この三月には一期生十三人が巣立っていった。人はよく「あっという間に過ぎた」とか「長いようで短かった」といった言い方をする。単調で、特別なことの少ない年月は、その時は退屈で長く感じられても、後でふりかえれば嘘のように短く感じられる。反対に、さまざまなことに取り組んだ年月は、その時は「あっという間」と感じられても、後で「けっこう長かった」と感じる。私は、この五年間はとても長かったと感じている。いろいろなことがあって、しかもとても充実した年月であった。

さて学園は、開校前後から新聞やテレビの取材が相次いだ。開校式の日には、テレビ各社が協定を結んでカメラの位置を調整し合ったほどだ。私たちは「教育の改革にささやかな一石を」と思って学校を開いた。しかしそのカメラの列を見て、これはえらいことだと思った。そのレンズの背後に、多くの人のあつい思いに満ちた眼差しが見えてくるのだ。京都新聞が「隠れ里の自由学校」といううまい見出しをつけたけれど、こんなに注目されてしまっては、安易な気持ちではいられない。自分たちは、とても大きな使命を負ってしまっているのだ……。

マスコミの取材と報道はその後も続いている。イギリスの新聞やラジオでも紹介された。記者に多少の勘違いをされることはあっても、面白半分の取材や悪意のこもった報道は、今のところほとんどない。こうした報道のおかげで、児童の募集も楽になっている。また講演に呼んでくださった教職員組合から「先生のお話をヒントにして、こんな試みを始めました」といったお便りをいただくこともある。日本のあちこちで、新しい学校をつくろうとする個人やグループも生まれている。個人やグループだけではない。自治体が、空いた校舎を使って私立学校を設立する動きさえ出てきた。Ⅰ部で紹介した福井県の勝山市や、新潟県の安塚町もその一つだ。

もっとも、すべてが順調だったかというと、そうでもない。いちばん深刻な問題、そしてほとんど唯一の大きな問題は、一年目の一学期が終わったところで、合わせて四人の教員と寮母に辞めてもらったことだ。これは、地位保全の仮処分の申請、裁判所における和解、そして自主退職という経緯をたどった。その決断にいたった理由についてはお話しできない。私にとって何より辛かったのは、この人たちも開校準備の苦労を共にした人であったということ、そして、この件で私たちを非難した保護者の意思によって、一〇人あまりの子どもが学校を去っていったことだ。

私自身は、中学校の誕生を機に、二五年間勤めた大阪市立大学をはなれた。その時の事情については前著『きのくに子どもの村』に書いたので、ここでは繰り返さない。今はとても充実した毎日だ。子どもとの付き合いの楽しさを嬉しく思うと同時に、大学にいる時よりもっと勉強にもなるからだ。確かに体は以前よりも疲れる。しかし読んだり書いたりしゃべったりだけの「気楽な教育学者」にもどる気はまったくない。

学園の経営面は今のところ順調だ。ぜいたくはできないが、そこそこの設備も整い、授業にも生活の面でも大きな支障はない。もちろん工夫は必要だ。例えば学園の通学バスは全部で四台にふえているが、その購入代金は合計二八万円である。二台は、大阪では排ガス規制のために不用になったのを譲り受けたものだ。もちろん、このような節約だけではやっていけない。学園が少ない子どもの数でやっていけるいちばん大きな要因は、子ども服のミキハウス（三起商行株式会社）からの援助である。

ミキハウスの木村皓一社長には、学園設立の時だけでなく、中学校の開校の時にも資金のご支援をいただいた。次の高等専修学校をつくるにあたっても、「援助する」とのお約束をいただいている。それだけではない。教員免許を持つ社員の中から募って、学園の教師として三人も派遣してくださっている。小さな私立学校としては、大変にありがたいことだ。「偏差値教育で育った子は、これからの社会には要らない。個性のきらりと光った子を育てて欲しい」というのが木村社長の口癖だ。決して見返りを考えての援助ではない（私たちには何の見返りを差し上げることもできない）。ただただ私たちの理念に共鳴してのご支援だ。その期待には、なんとしても応えなくてはならない。なお、ミキハウスから来てくれていた鈴木慶太くんと水上陽子さんが、この春に結婚することになった。できれば二人には会社にもどらないで、ずっときのくににいて欲しいと願っている。

結婚といえば、これに先だって別のカップルがすでに誕生している。加藤博くんと友美さんだ。どちらも大阪市立大学時代の私の教え子にあたる。すでに赤ちゃんも生まれていて、毎朝、両親と一緒に登ってきて、一日を学校の職員室で過ごす。きのくにには、間もなく喜寿を迎える喜田じいの机と、生後まもない美央《みお》ちゃんのベッドが職員室に並ぶ変わった学校だ。

地元の人々の視線もあたたかい。区長の岡室さんは、相変わらず精力的に走り回ってくださる。村の人たちにも何かとお世話していただいている。運動会や入学式に顔を見せたり、こんにゃくや柿の葉寿司のつくり方を教えに来てくださったり、子どもたちが「取材」に出かけると喜んで迎え入れてくださったりする。棟梁の堀等さんとそのお仲間には、中学校の校舎と寮の建築でふたたび一肌ぬいでいただいた。さらに橋本市にも、放置されていた元彦谷小学校のプールの整備をして、私たちが使えるようにしていただいた。

きのくにの保護者会は「ひこたにプロジェクト」という変わった名前で活動してくださっている。一年目のトラブルの時も中学校の設立の時も、いろいろな形で支えてくださった。有志の方のバザーで、野球のネットやコンピューターも買っていただいた。そのほかにも後援会を企画したり、懇親会を開いて親同士の交流を深めたりしておられる。特に年に三回の「夜更かし会」はなかなかの盛況だ。

最後になるが、和歌山県当局の理解とあたたかい指導にも触れておかねばならない。およそ役所という所は、多くの人にとってあまり気持ちの好い場所ではない。「お上」というイメージが今も残っているのだろうか。なんとなく怖い所なのだ。しかし、こと和歌山県の総務学事課にかんしては、そのようなことはまったくない。きのくにのような先例のない、しかも小規模な学校を一からつくるというのに、真剣に対応してもらった。そのうえ開校時には逆に「小学校だけではなくて、中学校もつくってくださいよ」と励まされたくらいだ。開校の前にも後にも、いやな思いをしたことは一度もない。今進めている高等専修学校についても、はらはらしながらも、あたたかく見守ってくださっている。

このようなわけで、きのくには多くの人の手でつくられ、育てられている学校である。

「きのくにの研究」

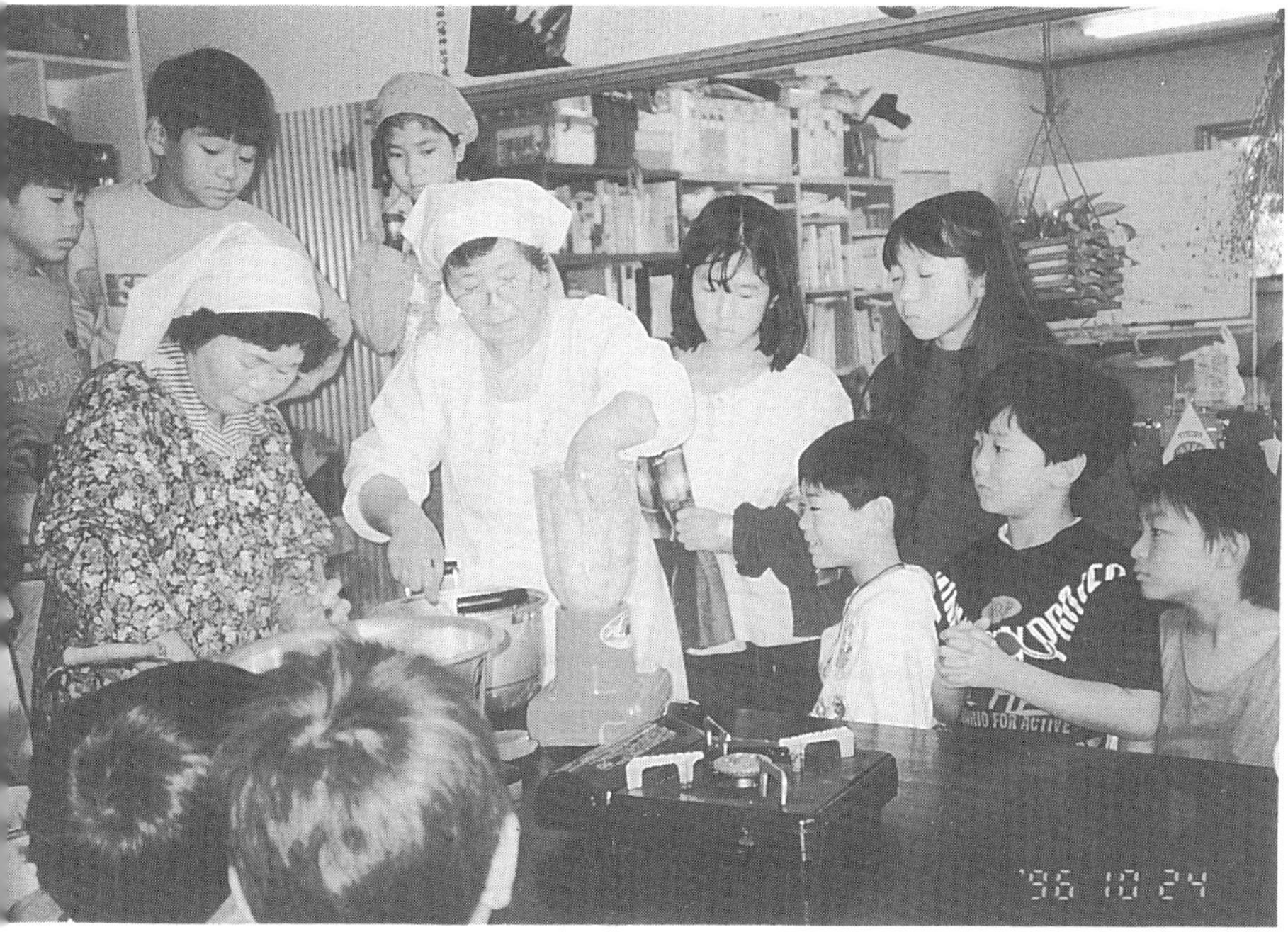

◀村の人からこんにゃくづくりを習う

▶区長さんの話を聴く

(2) 理念と基本方針の検証

きのくに子どもの村は、子どもたちが「自由な子ども」へと成長するためのお手伝いがしたい、と願って設立された学校である。つまり私たちは、感情面で不安や抑圧から解放され、自分自身を意識している子ども、そしていろいろな事象や問題に敏感になり、自分で考え自分で確かめようとする子ども、さらに自我を確立していると同時に、ほかの人々との触れ合いや共同の生活を楽しむ子どもへと育って欲しいと思っている。そのために、教育と学校にまつわる旧来のさまざまな常識を見直して、思い切った実践形態が導入されたのだ。

では、これらの理念は当初の予想通りに実現されているだろうか。自己決定と個性と体験を基本原則として、プロジェクトや基礎学習や自由選択といった形態が考案されたが、これらがうまく機能しているだろうか。この問いに答えるのは、そんなに簡単ではない。理由はいろいろある。

1　統計的な処理がむずかしい。漢字の点数とか計算力とかいった狭い領域の評価なら、数字で表わすこともできるだろう。しかし、子どもの成長の全体を数字で表すのはとてもむずかしい。そして危険だろう。

2　どこまでが学校の影響なのか。それを見極めるのが至難の業だ。好ましい姿が見られるにしても、よくない徴候が気になるにしても、家庭環境や社会全体の影響もあるし、その子の肉体的条件と生育歴なども考慮に入れなくてはいけない。

3　長い時間をかけて経過を見ないと評価ができない。学校での経験や学習が、どの時点で、そしてどのように生きてくるかは、とうてい予測のしようがない。そして、時間が経過すればするほど、その子に影響を与える要因は多くて複雑になる。

4　きのくにのような学校の教師は、ともすると「子どもたちの好ましい姿は学校のおかげで、よくない面はすべて家庭のせいだ」と思いたいという誘惑にかられる。だから冷静で客観的な判断はむずかしい。

そんなわけで、子どもたちがどんなふうに育っているかについては、本書では、ほかの人たちからの感想や印象を紹介するにとどめたいと思う。「冷静で客観的な判断」については、これからその方法をじっくりと考えていきたい。

〈よい印象〉

◇　子どもたちが生き生きしている。目が輝いている。
◇　活動的だ。忙しそうに何かしている。
◇　しっとりと落ち着いている。
◇　ほかの学校に較べると、中学生が「成熟した大人」という感じがする。
◇　しっかり自分の考えをいう。
◇　年長の子と年少の子の関係がほほえましい。
◇　活発に動いているのに、病気や怪我が少ない。
◇　機器や道具類を上手に使う。
◇　一つのことにとても詳しい子が多い、など。

〈よくない印象〉

◇　ことばづかいのよくない子がいる。

◇　あいさつがきちんとできない。

◇　計算の力がついていない。

◇　漢字の筆順を知らない子が多い。

◇　食事の時におしゃべりする。

◇　電車の中で行儀が悪い、など。

こういったところだ。コメントは差し控えよう。もっとも最後の電車の中の行儀については、全校集会で取り上げられることがある。これは、学校教育の問題というよりは、むしろ家庭のしつけの問題なのだが、大人も子どもも「きのくにの子は人に迷惑をかける」といわれたくないからだ。

日々の具体的な活動はどうだろうか。プロジェクトはうまく機能しているだろうか。基礎学習はスムーズに進んでいるだろうか。自由選択とミーティングはどうか。

各プロジェクトの主な活動内容は表1の通りだ。どのプロジェクトでも、したいことが多くなり、また本格的な仕事がふえている。つまり活動が横に広がると同時に、質的な深まりも見せている。活動が充実すれば、子どもの意欲も高まる。教師の士気もあがりアイディアも浮かぶ。プロジェクトの中身が豊かになれば、基礎学習もそのほかの活動もよくなる。

中学校のプロジェクトでは、解決しなくてはいけない問題が一つある。それは、子どもたちの興味の広がりへの対応だ。中学校では、担任のいるプロジェクトは、電子工作、旅行者、出版社の三つである。

表1　1996年度 各プロジェクトの主な活動

プロジェクト名		主　な　活　動	人数 担当者
小学校	たんけんくらぶ	織り物，染色（織る，デザインする，染める，売る） 探検（調べる，採集する，食べる，建てる，道具をつくる） クラス雑誌（調べる，書く，まとめる）	18 石田， 松本
	けんこう家族	ミュージカル（躍る，うたう，衣装・道具をつくる） 運動（遊びを工夫する，スポーツをする，ハイキング） 料理（料理する，食べる，栄養を考える） 野菜づくり（畑をつくる，種をまく，収穫する，食べる）	18 大石， 橋本
	うまいものをつくる会	豆料理（豆腐・納豆・クッキー・プリン・味噌等をつくる） 豆の栽培（畑をつくる，育てる，食べる） 大豆の研究（調べる，見学する，まとめる，ビデオをつくる）	18 加藤博， 加藤友美
	ファーム	野菜づくり（耕す，種をまく，収穫する，食べる，売る） 餅米づくり（田植え，稲刈り，脱穀，食べる，売る） 養鶏場（世話，食べる，売る，見学，小屋の修理）	20 川本， 水上
	工務店	建築工事（ベランダ，博物館，露天風呂，家具） 園芸（種をまく，育てる，売る，見学する） おもちゃづくり（風車，小物，パチンコ，理科遊び，人形） 地域社会の研究（調べる，料理する，探検する） クラス雑誌（調べる，まとめる，書く，売る）	29 丸山， 堀
中学校	電子工作所	電気機器の分解と調査（分解と部品回収，電子工作と修理） 機械工作（内燃機関の修理・整備，模型飛行機用エンジン） 気象観測（観測と整理，気象FAXの利用） パソコン（ゲーム制作，ソフトの組み込みと利用） 科学実験（螢光体の実験，ペットボトルロケット）	8 松戸
	旅行社	料理（世界各国について調べる，料理をつくる） 情報収集（文通，領事館訪問，体験談を聞く，ガイドブックの発行）	9 遠藤
	出版社	図鑑づくり（調査，見学，写真撮影，現像・焼付け，デザイン，ウッドクラフト，剝製づくり，キャンプ，パネルづくり等）	9 鈴木
	わらじ組	園芸（花づくり，花壇づくり，植林） 工作（家具，ブロンズ像，インテリア，手芸） 環境問題（世界情勢，公害，難民問題）	15 （堀）

小学校は五つのプロジェクトから選べるのに、中学校は三つしかない。人数が少ないから、というのは理由にはならない。人数が少なくても、選択の幅は広い方がよい。だからどうしても各プロジェクトの中で、活動にバラエティを持たせるようにせざるを得ない。そうしないと、全体の仕事に興味を持てない子どもは、満ち足りた思いをすることができない。ところが、それぞれが好きな活動をすると、本格的な仕事をみんなで継続するのがむずかしい。活動の広がりと質的な深まりに支障が出る。

今のところ、この問題は十分には解決されていない。各プロジェクトで共通のテーマを追究すると同時に、それぞれが「一人プロジェクト」を一つか二つ持つ、というのも一つの案である。

もう一つ軽視できない問題がある。それは、小学校段階でプロジェクトを堪能した子ほど、中学校でも好奇心を発揮していろいろな活動に挑戦するということだ。逆にいえば、それまでの学校や家庭で、強制や誘導によって学習や活動をしてきた子は、自分で決めたり選んだりすることに慣れるのに時間がかかる。そして十分に自発的になり切れないで中学校に進むと、やはり大人の指示を待ったり戸惑ったりしがちだ。私たちは、中学校段階からの入学をお断りしているが、これは止むをえない方針だと理解していただけるだろう。幼少の時から強制や脅しによって深く傷ついた子どものために、私たちも何かをしたい。しかし彼らが、持って生まれた自発性を取りもどすのには、想像以上の長い時間と特別な配慮が必要だと思われる。

さて、中学の教科学習の方は、普通の学校よりかなり時間が少ない。しかし、子どもが自分で学べる教材さえきちんと用意されていれば、必要な学力はつけられる。ただし、それには一つの条件がある。子どもが「勉強をしなければならない」という強迫観念から解放されていることだ。とくに学力が心配でたまらない親が、土曜や日曜に塾へ行かせたり、ドリルをさせたりすると、学校では基礎学習や教科学習を極端にいやがることになる。「週末に学習を強要しないでください」と、何度もお便りを出している。

自由選択で一つ大きな問題は、施設と設備である。私たちは、できるだけ変化に富んだ活動を用意して、子どもたちに選んでもらいたいと思っている。しかし、それにはいくつかの障害がある。いちばん大きな問題は、体育館や音楽室などの部屋だ。自由選択は週に三回あって、それぞれ六つから八つの活動から選ぶのだが、なにしろ部屋が足りない。もちろん多目的ホールや食堂なども使っている。しかし、スポーツ関係のグループは、特に雨が降ると困ってしまう。この問題は、しばらくは解決されそうにない。

ミーティングについては、これまでに何度か触れたように、子どもたちも、きのくにではミーティングがとても大切にされているのを理解してきている。そして、話し合いの技術を身に付け、安易に多数決に走らなくなっている。また大人も真剣に参加し、錯綜した議論を整理するような発言のコツを心得てきている。

いうまでもないが、私たちは現在の状態に満足しているわけではない。これまでの実践を振り返って、よりゆたかな生活と学習をめざさなくてはいけない。今のところ私自身の自己評価では、おおよそ五〇点くらいである。しかし、私たちの理念と方針は、おおむね妥当であると思っている。

2　今後の課題と展開

(1)　高等専修学校

きのくに子どもの村に中学校ができたとき、私は「高校はつくらない」と宣言した。きのくにの中学生は、自分で自分の進むべき道を見つけ、さまざまな方向に向かって羽ばたいていけるはずだから、というのがその理由だ。この考えは、今も変わっていない。じっさい一期生たちは、それぞれに悩みながらも、自分の道を進もうとしている。受験学力の偏差値によって振り分けられるのではなくて、自分のしたいことに合わせて進路を決めている。広く世界に目を向けようとする子が国際高等専修学校を、声優になりたい子はそのための養成学校を、留学したい子はニュージーランドへというように、彼らの進路はさまざまだ。公立校を志望する子も同じだ。機械が好きだから農業機械科のあるところ、サッカーを続けたいからサッカーの強いところというように選ぶ。

私たちが考えている高等専修学校は、そういうたくましい子の進路のひとつである。きのくにの中学生を丸ごと受け入れる学校ではない。ましてや、行き場のない子のための救済施設ではない。きのくにの中学生には、国際問題に関心の強い子が多い。修学旅行も国内だけでなく、海外コースも設けている。外国からのお客さんも、子どもたちから大歓迎を受ける。だからむしろ国際問題に深い関心を抱き、レベルの高い学習をしたいという生徒のための学校だ。

普通の高校ではなくて、高等専修学校にする理由は、そのほうが少ない資金で開校できるからだ。そしてまた、柔軟で大胆なカリキュラムが組めるからである。もちろん後者の理由の方が大きい。たとえ十分な資金があったとしても、私たちは、普通の高校を一つつくるよりは、いくつかのユニークな高等専修学校を二つ以上つくる方を選ぶだろう。高等専修学校を卒業しても、いわゆる高卒の資格は取れない。しかし、同じように三年間で大学を受験する資格が取れる。じっさい私の長男は、大阪ＹＭＣＡの国際高校を出て国立大学に入っている。

普通の高校、特に公立高校に入るには、全教科にわたって、まんべんなくよい成績を取ることが要求される。特別に好きで得意な教科のある子は、かえって損をするようにできている。どんなに英語が得意であっても、ほかの八教科がよくないと合格できない。いわゆる主要五教科のうち、英語が一〇〇点でほかの四教科が三〇点の子は、全教科四五点の子に合計点で負けるのだ。たとえ英語が二〇〇点の実力の持ち主でも、今の制度ではどうにもならない。私のいいたいのは、オールラウンドな受験学力で選別する今のシステムは、子どもの成長を妨げているということだ。これからの世界で求められるのは、平均四五点の人間ではない。ほかは三〇点でも、一つは一〇〇点に近いものを持つ人材なのだ。私たちが高等専修学校をつくるのは、中学校のうちからほんとに好きなものを見付けて、それに熱中して学ぶ子があってもよいと思うからだ。残念ながら、今のところ一種類の高等専修学校しかつくる力はないけれど。

(2) 教育研究所とニイル研究会

きのくに子どもの村をつくったのは、新しい学校をつくる会である。新しい学校をつくる会は、ニイル研究会から生まれた。ニイル研究会は、最初は「大阪市立大学ニイル研究会」という名前であった。私の勤めていた大阪市大の大学院生たちと勉強会を始めたのだ。一九七七年のことである。最初はニイルの本を読んだり、学校や幼稚園の見学に出かけたりしていた。人数はほんの数人だったけれど、そこから機関誌「ニイル研究」が誕生した。なにしろお金も組織もない。原稿をタイプで打って輪転機にかけ、表紙も製本も手づくりで、分量はたった二〇ページ。これを年に三回印刷して、数十人の方にお送りした。

機関誌のページ数がだんだんふえ、小さな研究会が会員制の「ニイル研究会」になったのが一九八〇年、最初の夏期講座が愛知県の蒲郡市で開かれたのは、その三年後のことである。たしか二回目か三回目、霜田先生ゆかりの駒ヶ根市での会のことだ。とつぜん平井信義さん（当時、大妻女子大学教授）が、「この会で〇〇先生といったら一〇〇〇円の罰金を取ろう」と提案された。それ以来、ニイル研究会では、どんなに偉い先生に対しても「〇〇さん」と呼ぶことになっている。ニイル研究会とは、そんな気楽な会だ。

一九八四年に「新しい学校をつくる会」が学校づくりに乗り出した時、その中心メンバーとなったのは、ニイル研究会の数人の会員だ。その後の資金集めに力を貸してくださったのも会員の皆さんである。ニイル研究会は、きのくに子どもの村の生みの親であり、育ての親でもあるといってよい。しかし、学園がスタートする二、三年前から「ニイル研究」の発行が滞り始めた。私自身はもちろん、世話人たちも学園開設の準備に忙殺されたからだ。学園が始まると、私は大学教授と学園長の二足のわらじを履くことになって、事態は悪化の一途をたどり、かつては年に三回発行していた機関誌も、ついには年一回の発行が精一杯になってしまった。当然のことながら会員数も減り始めた。

しかし昨年、きのくに子どもの村の研究所が、それまでの活動を引き継ぐことになった。教職員の多くが事務局の仕事に参加してくれるようになり、機関誌の発行と夏の講座ができる体制が整ってきた。と同時に、きのくにの発展に役に立つような研究を進めたり、私たちの体験や研修の成果を広く世に問うための活動も始まった。

研究所の理事は、私のほかに加藤幸次さん（上智大学）、滝内大三さん（大阪経済大学）、米田浩之さん（公認会計士）、そして丸山裕子さん（きのくに子どもの村）である。加藤さんは、全国個性化教育研究連盟を舞台に、公立学校での教育改革のために精力的に動き回って、席のあたたまるヒマがない。I部の終わりで紹介したように、岡山の吉備高原のびのび小学校の再建にも一所懸命になっておられる。滝内さんについては、いちばん最初の方で紹介した。ニイル研究会が発足した頃からの会員でもある。米田さんは、兵庫県の生野学園の実質上の創立者だ。私たちの学校の認可申請の時も、そして開校の後もいろいろとお世話になっている。丸山さんは、学校づくりの最初の頃からの仲間だ。開校前の設立準備財団の事務局も引き受けてもらった。

きのくに教育研究所は、活動を始めたばかりだ。いっぺんに大きな仕事をする力はない。しかし、質の高い研究となごやかな雰囲気を大事にしていくつもりだ。と同時に、個性化教育研究会など、全国の多くの現場の先生たちと連絡を取って、互いに学び合っていきたいと思っている。

(3) 保護者との相互理解

開校してからの五年間で、小中合わせて四八人の子が、卒業以外の理由で私たちのもとから去っていった。そのうち約半分の二三人が最初の年の転出である。いちばん大きな理由は、先に述べた人事問題で、二三人のうち一六人（七〇%）である。そのほかは「学園の教育方針への不満」が三名、「家庭の事情」つまり経済的理由や転居が三名、サマーヒルへの留学が一名、そして不明が一名だ。もっとも、人事問題で学園を非難した人の中には、教育方針で私たちとの間に「ずれ」のある人も少なくなかった。例えば、算数の時間をふやして欲しいという人、好き嫌いしないで何でも食べるようにしつけてもらいたいという人、寮に帰ったあとも少しは勉強するように指導してくれという人、学校でマンガを読ませないで欲しいという人などだ。「うちの子は、入学してから五カ月になるのに、まだ勉強する気にならない。よその子に追いつかない。高い授業料を払っているのに、どうしてくれる」と、大変な剣幕で迫ってきた母親もある。もとの学校から送られてくる指導要録を見ると、全教科にわたってほとんど最低に近い評価の子なのだ。

二年目以降は、毎年五人から八人が辞めていった。しかし、年が経つにつれて、学園の方針に不満だという理由が減り、家庭の事情と本人の希望がふえていった。本人の希望というのは、外国へ留学したいとか、寮の生活がどうしてもさびしい。だから家庭に帰って地元の学校に通いたい、といった理由である。

最近は、学園の方針が納得できないから子どもを辞めさせる、というケースはほとんどなくなっている。これは嬉しいことだ。特に学園が始まってから入学してきた子どもの中には、こういう理由で去っていく者はいない。おそらく、学校の実際の様子を見て、よく納得してから来てくれているからだろう。

しかし、子どもを辞めさせるところまではいかなくても、不満を抱いたままの人が、まったくないというわけではない。親がいちばん不安を感じるのは、やはり基礎学習のようだ。普通の学校へ行っている周囲の子どもと比較してしまうからだ。「プロジェクト中心で楽しいのはいい。けれど基礎学力が心配だ。うちの子はまだ九九がいえない……」といった具合だ。こういう不安や不満が高じると、学園生活のほかの面にまで不満が及んでくる。時にはびっくりするようなこじつけが生じる。例えば、うちの子は学園の食事が悪いので湿疹になった。治療するには、学校を辞めさせるしかない、というような理由だ。本当は家庭の事情（例えば経済的な理由）のために辞めさせようかというのに、こういう言い方をする人もないではない。笑って済ませればいいのだが、実際はそうはいかない。第一に、その子が不幸になるのが目に見えているからだ。そして第二に、変な噂を立てられて迷惑するのは学校であり、ほかの子どもたちなのだから。

親がこういう気持ちになると、学校での子どもの調子がすぐに悪くなる。基礎学習はいうに及ばず、プロジェクトにも意欲がなくなる。落ち着きがなくなって、ミーティングの途中でも動いたり音を立てたりする。友人関係も悪くなる。中学生でも同じだ。ケンカやいざこざもふえる。「うちの親はよく学校の悪口をいう」とか「お父さんとお母さんがケンカしてばっかり」と友だちに愚痴をこぼす。保護者は「まさか」と思われるかもしれない。しかし私たちには、親の態度や考えと子どもの様子との関係が、ほんとに手にとるようにわかるのだ。

「学校に対する親の不満と、学校での子どもの調子とは反比例する。」

あえて、このように断言してもよいだろう。親が子どもの面前で、あるいは陰で学校の悪口をいっているのに、どうして子どもが学校でしあわせに、そして活発に過ごすことができるだろうか。親の不満は、たんに学校の理念や基本方針を理解していないから、という理由からだけではない。サマーヒルのニイルもいっているように、いろいろな深刻な原因のせいで、自由学校の理念を受け入れることができない。例えば、

◇親自身が、自分の子ども時代に愛され肯定されて育ったかどうか。
◇内心の自己嫌悪や人生に対する不満を秘めていないかどうか。
◇両親の仲がよいかどうか（不仲の両親は学校に対抗することによって平和を保つ）。
◇家庭が経済状態などで安定しているかどうか。
◇両親が、子育てにかんしておおよそ同じ考えを持っているかどうか。また祖父母などが強硬に反対していないかどうか、など。

そして、こうした要因はさまざまに入り組んでいる。例えば、厳しく子どもを支配する両親に育てられた人は、「そんなことでは駄目だ」といわれ続けて大きくなるから、内心に自己嫌悪や自己憎悪を秘めている。したがって自分自身を受容しにくい。そして、この内心の自己憎悪を身近な他人に「投影」する。つまり、その人の行動やことばや表情の中に、自分自身の中の認めたくないイヤな姿を見てしまう。そして、これを非難するわけだ。例えば子ども時代に「勉強しなくてはいけない」といわれ続けた親は、勉強に興味を示さない子どもを許すことができない。と同時に「勉強に熱を入れてくれない学校」も許すことができない。また親のどちらか一方が「もう少し、きのくにに任せて様子を見よう」と

いえば、今度は夫婦仲の方が怪しくなる。

どんなに頭で自由な教育がいいとか、きのくにの学園に任せたいと思っていても、内心ではそうはいかない。そして本人は、その無意識の心理に気付いていない。気付きそうになっても、「抵抗」と「合理化」の心理がはたらいてしまう。そして時には、とんでもない変な理屈や、無責任な責任転嫁に走ってしまう。だから先ほどの命題は、少しいいかえなくてはいけない。

「親の内心の自己憎悪と不満は、学校に対する不満と比例する。そして学校での子どもの調子は、学校に対する親の不満と反比例する。」

ニイルは「幸福な親は子どもを叩かない」と書いている。自分自身が内心においてしあわせな人は、自分を肯定し、自分が好きな人だ。自分が好きな人は、子どもが好きだ。そして子どもを肯定して見守ることができる。親から肯定され愛されている子どもは、自分が好きになり、自分を肯定できる。こういう子は、ほかの子をいじめたりはしない。こういう子どもを親はますます好きになる。すべてが、よい方向に回る。これが逆になると、いつまでも悪循環が続く。

私は、ニイルのように大胆に具体例を挙げることはしない。ただ、ニイルの「ああ、親さえいなければ、いい子なのにねえ」という嘆きは、とてもよく理解できる時がある。彼は、『問題の親』の最後を次のようなことばで結んでいる。

「おお、親たちよ。あなた方に思いやりと理解が必要なことは、私にもわかっている。しかし私は、あなた方には、もううんざりだ。あなた方は問題の親である。私は、あなた方のせいで問題の子どもになった子の相手をしている。どの子も幸福で有能な子どもへと変わってくる。しかし……あなた方は、私の仕事を誤解し、せっかくの仕事の成果を台無しにする。あなた方は、私の仕事に疑いを抱き、そのために私の時間と努力が無駄になっている。……」（『問題の親』、二三七ページ）

さいわいなことに、現在のきのくにでは、ニイルのような思いは、ほとんどしなくてよい。私は、あるお母さんからの手紙を紹介して、本書をしめくくることにしよう。

「きのくに子どもの村を希望したのは、自由ということばに強く魅かれたからです。だけど〝自由〟という漢字は読めても、それを理解するのに二年もかかってしまうなんて、想像もしていませんでした。……でも、今は何が真実なのか、はっきり見えるようになり、すっかり楽になりました。……きのくにほど、我慢強くて、愛情深くて、信念を持っている人達がいるところはないと思います。」

6　ひろがる波紋

ハイランド旅行の二日目に、ネス湖に行った。車でアーカート城に向かうとちゅう、堀さんが「この湖はなんという湖でしょう」と問題を出した。答えは全部ネス湖だった。映画を見てから城に登った。てっぺんに着いたら景色がすごーくきれいだった。見わたしたけれどネッシーは見えなかった。城を出てからスケッチをした。ネッシーもかいておいた。（木本百合子、一二歳）

1　デモンストレーションの学校

「サマーヒルは実験学校としてスタートした。しかし今日ではもはや実験学校ではない。デモンストレーションの学校である。自由な教育が実践され、成功していることをデモンストレートしているのだ。」

一九三七年、ニイルは『恐るべき学校』（*That Dreadful School*）の冒頭でこのように述べている。サマーヒルが第一次大戦後のドイツで開校したのは一九二一年である。ドレスデン（Dresden）郊外のヘレラウ（Hellerau）で新しい学校づくり運動の一環として国際学校をつくったのだ。もっとも子どもの数は一〇名あまりで、しかも二年後には社会情勢の悪化などのためにオーストリア南部のソンタークベルク（Sonntagberg）という山の頂上へ移転した。古いカトリックの巡礼教会の脇にある宿泊施設の一部を借りたのである。しかしこれも周囲の反対や経済的な理由のために一年ほどで行き詰まってしまい、ニイルはやむなくイギリスに帰って、イングランド西南部のライム・リージス（Lyme Regis）で再出発する。学校の名前も、借りた屋敷のある高台の地名を取ってサマーヒルと変えた。

ライム・リージス時代のニイルの苦労はかなりのものだったらしい。子どもはたったの五人で、しかもきちんと授業料を払ったのは二人だけだったという。問題の子ども、ニイルのことばでいえば「内心に問題を抱えた不幸な子ども」も少なくなかった。ニイル自身は、こういう子の対応におおいに興味を持って取り組み、いくつもの事例を『問題の子ども』（*The Problem Child*, 1926）で紹介している。後年、彼はこの頃を「困難だけれど興奮に満ちた時代」であったと振り返っている。

一九七四年、私がこの町のB&Bに滞在した時、そこの女主人が当時のサマーヒルのことをおぼえていて、こんな話をしてくれた。

「ええ、あの学校のこともニイル先生のこともよくおぼえていますよ。ある時、女の子のチームとホッケーの試合をしたのですが、それはそれは乱暴なプレーをする子どもたちだったですね。」

普段の学校生活でトラブルの続く子や、ホッケーなどでストレスを発散する子が少なくなかったらしい。しかし学校は次第に知られるようになり、子どもの数もふえ始めた。一九二七年には現在のサッフォークのレイストン（Leiston, Suffolk）に引っ越して現在に至っている。サマーヒルが今やデモンストレーションの学校である、とニイルが宣言した一九三七年といえば、ドレスデンの国際学校の開校から一七年目に入り、初めの頃の数々の困難も次第に少なくなって、経営も安定してきた頃である。

スコットランドから二七歳の青年教師ジョン・エッケンヘッド（John Aitkenhead）がやってきたのもこの年だ。

「私はニイルの思想に食いついて、釣り竿も釣り糸もおもりもみんな飲み込んでしまった。」

ジョンはその翌年にもやってきて二週間も滞在している。そしてその二年後にはスコットランドでキルクハニティ（Kilquhanity House School）を開校したのだ。ついでにいうと、一九三七年頃のイギリスの教育関係者の間では、ニイルの学校と著作は新しい時代の教育を示唆するものとして注目されていた。

今年（二〇〇九年）、きのくに子どもの村学園も開校から一七年が過ぎた。私たちもニイルのように「デモンストレーションの学校である」と高らかにいえるだろうか。一九九二年、私たちの学校が和歌山県橋本市の山里に産声を上げた時、私たちはサマーヒルをモデルにした学校をつくって日本の教育改革に一石を投じたいと願った。はたしてその波紋はひろがっただろうか。

◀ドレスデン郊外の
ヘレラウ国際学校

現在のサマーヒル▶
（レイストン）

▼キルクハニティ

2　学校づくり、今も進行中

(1)　きのくに国際高等専修学校

一九九八年四月、学校法人きのくに子どもの村学園は、同時に二つの学校をスタートさせた。ひとつは小学校と中学校の隣にできた高等専修学校で、もうひとつは福井県勝山市の「かつやま子どもの村小学校」である。

まず高等専修学校は、正式には、きのくに国際高等専修学校という長い名前で、国際問題や社会問題にカリキュラムをかたよらせてユニークな教育を展開している。前にも述べたように、学校教育法の第1条に記述されている普通の高等学校とは違って、小規模で、特色ある教育を大胆に進めることができ、しかも大学などへの入学資格も取れる。普通の高等学校の時間割の大半を占める「主要五教科」は、ここではだいたい三分の一くらいでOKだ。残りは「人権問題」「アジアを考える」「世界の音楽」「土と炎」「日本語を考える」などといった変わった名前の科目が並んでいる。二年生の時のスコットランド研修をはじめ、校外のいろいろなところへ出かけて行く。生徒は全体で四九人だ。七〇パーセント以上が大学などに進学する。

(2)　かつやま子どもの村小中学校

かつやま子どもの村小学校は、日本の私立学校の歴史の上で画期的な学校である。子どものいなく

きのくに国際高等専修学校▶

▼かつやま子どもの村小中学校

なった公立小学校の校舎と敷地を勝山市から無料で借りて開校したのだ。しかも校地は民有地なのだが、その借地料は勝山市が肩代わりしてくれている。日本の文部省（現在は文部科学省）は、それまで私立学校の設置にあたっては、校地と校舎が自己所有であることを絶対条件としていた。借り物の施設では学校の安定した存続に不安があるから、というのがその理由である。

かつやま子どもの村小学校は、自前の施設を持たない私立学校として正式に認可された初めての学校である。ベルリンの壁のように立ちはだかってきた「施設の自己所有」という鉄の掟に風穴があいたのだ。私たちは、このことをいささか誇りに思っている。なぜなら、文部省はかつやま子どもの村を前例として、自己所有の校舎やグラウンドのない特色ある学校の認可を認めるようになり、じっさいにこれまでにいくつかの学校が誕生したからだ。

かつやまの小学校にかんしては、もうひとつ画期的なことがあった。日本の公立学校はそのほとんどが校舎の建築にあたって文部省から助成を受けている。だいたい三分の一程度のようだ。原則として鉄筋コンクリートづくりで、耐用年数は六〇年である。子どもがいなくなって仕方なく休校や廃校にした場合、その施設をそのままにしておくか、あるいは社会教育施設に転用するなら特に問題はない。耐用年数に達していなくても文部省からおとがめは受けない。ところがこれをもし民間に払い下げたり、教育以外の目的につかうとなると、補助金を返還しなくてはいけなくなる。耐用年数が六〇年の校舎を二〇年しかたっていない段階で売ったり譲りわたしたりすると、残りの四〇年分、つまり補助金総額の三分の二を返さなくてはならない。

これまた例外のない規則となっていた。今回の勝山市の場合、返還すべき額は五〇〇〇－六〇〇〇万円になるという。人口が三万人を切る小さな自治体にとってはズシリと重い金額なのだ。ところが、勝山市がこの補助金の返還を免除してもらえないかと申請したところ、文部省は初めて特例を認めてくれたのである。何かというと「文部省は頑迷固陋そのものだ」とか「ガチガチにかたい」とかいう人が多いけれど、時代も文部省も変わり始めたのだ。

かつやま子どもの村小学校には三年後に中学校も加わり、小さいながらもきのくにと同じ方針で運営されている。学園長の私は、このところ週の前半はかつやまにいて、水曜日に移動し、木曜と金曜はきのくにで過ごしている。第I部で紹介した時よりもっとあわただしい毎日だ。和歌山と福井は三三〇キロ離れている。二五ページで触れた愛車パジェロはいまなお現役だ。走行距離は八四万キロに迫っている。月までの往復距離をとっくに超えたのだ。まだまだ乗れそうだ。日本の車、特に三菱車はすばらしい。

こういうわけで、私たちはいま日本に五つの学校を持っている。どれもこれも小さいけれど、初心を忘れないで思い切った方針をつらぬいている。毎週木曜日の見学者も多く、工務店の喫茶店も繁盛している。五年前には、地元の保健所が正式の飲食店経営の許可証を発行してくれた。見学にみえるのは国内からだけではない。海外からの来客の国籍は二〇カ国近くに上っている。もちろんいちばん多いのはお隣の韓国からだ。私の本のうち本書も含めて二冊が韓国語に翻訳され、テレビでも五回くらい放映された。来てくださるのは大人だけではない。ドゥレ、ムジゲ、ペプシなどの学校から子どもたちが来てくれて、学園に何日か滞在して交流を深めている。そのつど私はきのくにの子どもたちに、「日本と韓国のかつての関係はけっして幸福なものではなく、日本がよくないことをたくさんしてきたのだ」と話して聞かせる。残念ながら、日本の学校では、まだ過去の歴史を率直に教える教師は少ない。

韓国からのお客様で、いちばん親しくしてもらっているのが、元弘益大学校の教授で、韓国ニイル研究会（代案学校研究会）会長の金恩山先生だ。金先生はこれまでに何度もきのくにに来られただけでなく、きのくにの高校生が韓国を訪問した時にいろいろとお世話をしてくださっている。最近では二〇〇六年一一月の私たちの教育研究シンポジウムで講演をお願いして、韓国におけるオルタナティブ・スクールの現状について話をうかがった。私たちは、韓国では日本よりももっと熱心に新しい学校が模索されているのを知って、おおいに刺激を受けた。私自身も何度か講演に寄せてもらっている。

きのくに子どもの村学園は、いわゆるマスメディア、つまり新聞、テレビ、雑誌などとよい関係を保ってきた。マスメディアによる報道は、少なめに見ても一〇〇回はかるく超えていると思われる。しかし、よくない報道をされたことは一度しかない。それも取材不足と誤解によるものであった。きのくに子どもの村学園は、マスコミによって理解され、守られ、育てられてきた学校だといえるかもしれない。私たちの投じた小さな一石は、大きくはないかもしれないが、静かに波紋をひろげてきていると思われる。

(3) キルクハニティ子どもの村

きのくに子どもの村学園は、いま、もう二つの学校をつくる準備を始めている。

1　キルクハニティ子どもの村（スコットランド）

2　南アルプス子どもの村小学校（山梨県）

キルクハニティ・ハウス・スクールは、本書の第II部の第3章で紹介されている素敵な学校であった。残念なことに「であった」と過去形で書かなくてはいけない。もうこの学校は存在しないからだ。一九九六年にキルクハニティは、スコットランド当局の視学官の監査を受けたのだが、その報告書にきびしい注文が盛られていたのだ。第一は校舎の老朽化についてである。特に「馬小屋」(Stable) と呼ばれていた多目的ホールは、スレート葺きの屋根が危険だと指摘され、ただちに使用禁止になってしまった。そのほかにも建物についてのいくつかの改善命令が列挙されていて、生徒数四〇名ほどのちっぽけな学校にはとても対応できる内容ではなかった。

とはいっても施設面だけなら、つまりお金だけの問題なら何とかなったかもしれない。もっと深刻だったのは教育の内容と方法についてだ。とりわけ創立者のジョン校長を怒らせたのは、「ユースフルワーク」についての視学官の見解である。ユースフルワークとは、毎日、朝いちばんに三〇分をさいて学校の中のさまざまな仕事をする時間のことだ。建物内外の掃除、台所の整理、まき割り、花壇の手入れなど、共同生活に役立つ仕事 (useful work) を分担して引き受けるのである。「共に生きることを通して成長する」という学園の理念から見れば、これこそもっとも大切な教育の時間だ。ところが視学官たちは、こんなものは教育ではないから、時間割からはずせ、授業時間として勘定してはいけない、といってきた。

そのほかにも、とうてい納得できない指示や命令が多くて、ジョン校長は何カ月も悩んだ。妥協して学校を存続させるか、初志をつらぬいて廃校にすべきか。職員や保護者の反対もあったけれど、ジョンは後者を選んだ。こうしてキルクハニティは一九九七年七月に五七年の幕を閉じ、彼はそのちょうど一年後に他界した。

最後に会った時の彼のことばを私はいつまでも忘れないだろう。

「学校がなくなったら大変だ。少しくらい妥協してもいいじゃないか。そういう人も少なくなかった。しかし、それでは学校が変わってしまう……。もし私がもう少し若かったら、たたかい続けるのだが……。」

この時、ジョン校長は八七歳であった。「非凡なる凡人」(An Unordinary Ordinary Man)。これが墓碑銘だ。さまざまな困難に直面しても当たり前のことを当然のこととして徹底して実行し、自由教育の信念と平和主義を頑固につらぬいたジョン・エッケンヘッドを語るのに、これほど適切なことばはないだろう。

二〇〇二年五月、きのくに子どもの村学園は、キルクハニティの施設の大部分を買い取り、全面的な改修をおこなった。正規の私立学校として再開するためである。現在までのところは、その準備段階として、きのくにとかつやまの子どもたちが、年に数グループに分かれて三週間から二カ月ずつ滞在している。すでにスコットランド政府から公益法人(charity trust)と学校法人としての認可も得られている。現地の子はまだ入ってきていないが、いずれ私たちの学園の子と共に学ぶ国際学校にしたいと考えている。

(4) 南アルプス子どもの村小学校

もうひとつの南アルプス子どもの村小学校は今年の秋(二〇〇九年一〇月)に開校する予定で、校舎と寮の建築が急ピッチで進んでいる。場所は、名前から連想されるような山間地ではなくて、甲府盆地の南の端にある。富士山と白根三山と八が岳連峰が美しい。

この学校を開設するねらいは二つある。ひとつは、これまでの二つの小学校（和歌山、福井）の自発性と個性と体験学習をキーワードとする基本方針に、さらに国際理解教育という特色を持たせた学校をつくることだ。そのために英語の学習を積極的に取り入れ、小学校一年生から英語教育も導入する。もちろん英語を入れたからといって国際理解教育が充実するわけではない。語学そのものが大切なのではない。海外の人々の生活や歴史に触れ、共感することが大事なのだ。取り上げることばにしても、英語ばかりが外国語ではない。たまたま英語は世界の共通語としてもっとも便利だからカリキュラムに組み入れるのであって、韓国語や中国語などにも子どもたちの興味を喚起したいと考えている。

もうひとつのねらいは、東京方面の子どもたちのニーズにこたえることだ。現在、きのくにとかつやまには、関東方面の子が全部で四〇人近くいる。しかし和歌山も福井もけっこう遠いし、交通費もバカにならない。入りたくても二の足を踏んでいる子が少なくないのだ。南アルプスの学校ができれば、この子らの要望にこたえられるだけでなく、私たちの投じた一石がもう少しひろがりを見せることになるだろう。

福井の勝山市の時と同じように、地元の南アルプス市では、市長さんはじめとてもよくしてくださっている。理解してくださるだけでなく、構造改革特区の申請、埋蔵文化財の調査、排水溝の改修など実際的な助成や支援までしてもらっている。

(5) 姉妹校の誕生

二〇〇七年、和歌山県の紀美野町に、りら創造芸術高等専修学校が誕生した。きのくにからは車で1時間半ほどの距離だ。これも、かつやまと同じく廃校になった小学校の施設を無償で借りてスタートした正規の私立学校だ。生徒数はまだ二〇名ほどで、設立直後の苦労の真っ只中だが、舞台芸術を中心にしたユニークなカリキュラムが特徴である。

設立の中心は山上範子さんで、きのくに子どもの村の元保護者である。と同時に開校からずっとジャズダンスの非常勤講師も務めてもらっている。私も含めて、きのくにの三人が理事になっている。また山上さんの子息の祐輝くん、そしてその同級生の鞍雄介くんが教員の中心になってがんばっている。二人ともきのくにの中学の一期生だ。きのくにの教員が何人かは非常勤講師としてお手伝いをしている。

こんなわけで、りら創造芸術高等専修学校ときのくにには姉妹校以上の関係にある。

私たちの学園と密接な関係にある学校はこれだけではない。次の二校は、きのくにの直接の影響のもとに開校した学校だ。

1 グリーン・ヒルズ小学校、中学校(長野県)

2 ひらおだい四季の丘小学校(北九州市、現在は北九州子どもの村小学校)

グリーン・ヒルズは、長野市の北部、飯綱高原にあって、小中あわせて五〇人くらいの子がいる。校長の酒井義史さんは、本書の第I部(六四ページ)で紹介されているように、岡山県の吉備高原のびのび小学校の校長をしていたのだが、その後、かつやま子どもの村小学校で四年過ごし、二〇〇五年に自宅のある長野で新しい学校をスタートさせた。きのくにやかつやまと同じように「プロジェクト」が中心の学校である。

ひらおだい四季の丘（九州自然学園）は二〇〇六年の開校で、いまのところは小学校だけだが、中学校の準備も進んでいる。創立の中心になったのは吉野了嗣さんで、「九州にもきのくにのような学校を」と何度となくきのくにに足をはこび、八年かけて開校にこぎつけた。やはり「プロジェクト」が時間割の大半を占めている。最初の二年間は、私たちのほうから教員の二人が応援のために派遣された。

開校四年目の二〇〇九年からは私たちも積極的に経営に参加し、きのくにの小学校の校長の丸山裕子さんが校長を兼務することになった。学校名も「北九州子どもの村小学校」と改称され、きのくにとの姉妹関係を明確にした。

グリーン・ヒルズはいまでは自前の校舎を持っているが、最初は市当局から借りた建物をつかっていた。北九州子どもの村はいまも、もとは公立小学校であった建物と校庭を無償で借りてつかっている。どちらも、かつやま子どもの村小学校が前例となっている。かつやまのケースが、その後に「構造改革特区」の制度に組み入れられ、自治体を通して申請すれば認められるようになったのである。これは市町村単位で国の規制を特別に緩和してもらう制度で、一〇年ほど前に制度化された。いろいろとユニークな事業が認められていて、「どぶろく特区」というのまである。「どぶろく」というのは、白酒とかにごり酒とか呼ばれているもので、もろ味を濾しとらない白くにごった日本酒である。

「特区」を申請して正式の私立学校として、しかも自己所有の施設を持たずに認可された学校には、このほかに東京シューレ葛飾中学校（東京都）や、どんぐり向方《むなかた》学園（長野県）などがあり、いずれもこの数年のうちに開校した。東京シューレは元中学校の教師であった奥地圭子さんが二〇年くらい前に

▶建設中の南アルプス子どもの村小学校

◀棟上式でかんぱーい！

▶北九州子どもの村小学校

開設した不登校の子のための学びの場である。奥地さんは、子どもには従来の学校とは違ったさまざまな学びの場があってよいはずだと主張し、精力的に活動を続けてこられた。葛飾中学校は、東京都から校舎の貸与を受けて二〇〇七年に開校し、いまは高等部（高等専修学校）の開設に向けて準備が進んでいる。

前にも書いたように、私は学園の子どもたちに折に触れてこんなことをいってきた。

「きのくに子どもの村学園は、君たちだけのものじゃないよ。こういう楽しい学校もあり得るんだ、そして実際にうまくいくんだ、ということを世の中の人たちに知ってもらうための学校なんだぞ。でもね、こういう学校のほうが楽しくて中身もよい、ということを証明するのは大人じゃないよ。君たち自身なんだよ。」

3　後戻りを始めた日本の学校

(1)　ゆとり教育悪者論

日本では、いま、こういう学校の有効性をデモンストレートする必要性がますます高まってきている。二〇年くらい前から少しずつ進んできていた学校改革にストップがかかり、右旋回を始めているからだ。とりわけ「ゆとり教育悪者論」を声高に叫ぶ学力低下論者の動きは執拗であった。その結果、学習指導要領の改訂がおこなわれた。授業時数がふえ、せっかく導入された「総合的な学習」の時間が減らされた。

　彼らは、とくにＯＥＣＤによる国際学力調査で日本の子どもの順位が下がったことを問題視し、その責任は教師の怠慢と「ゆとり教育」にあると論じ立てた。その結果、同じ調査でトップを維持するフィンランドの教育がにわかに注目されるようになったのだが、これは彼らにとって「不都合な真実」であった。なぜなら、フィンランドの教育は、彼らの求めるものとはむしろ正反対の路線にあることがわかってきたからだ。彼らは授業時数の大幅な増加を求めたけれど、かの国の年間の授業時数は日本よりもはるかに少ないのである。彼らは数学教育の強化を望んだけれど、かの国では広い意味のことばの教育が大切にされていた。彼らは、ことあるごとに教師を無能呼ばわりし、教師に対する指導を強化せよ、教員免許の更新性を導入せよなどと叫んだ。しかし、かの国では現場教師たちは信頼され、教育現場での裁量権が尊重されている。

　ＯＥＣＤの調査で日本の子どもの順位が下がったのは確かである。しかし、見かけほど下がったかというと、そうでもない。参加国の増加を考慮すれば、ひどく下がったとはいえないのだ。しかし順位はともかく、見逃すことのできない一面があきらかになった。

　それは、調査でつかわれた問題が従来のものとは少し違っていたことだ。ひとことでいえば、暗記型の学習よりも、考える力が試されるという方向がはっきりしてきた。従来型の学習でよい点を取ってきた日本の子には手強い内容だったわけである。その結果、日本の学校教育の弱点が露呈してしまったのだ。いまや教科書の中身や、授業時間数をふやすのではなくて、質を変えることが必要なのだ。学力低下論者がどんなに騒ごうとも、かつてのような詰め込み教育に後戻りはできないのだ。

私たちが提唱し、実践し、本書で論じてきたのは、以下のような発想の転換である。

1　教師中心主義から、子どもの自発性、興味、好奇心の尊重へ。

2　画一主義から、子どもの個性の重視と学習の多様化へ

3　書物中心主義から、体験を通して考える態度と能力の育成へ

日本の学校教育は、一九六〇年頃から財界・経済界からの圧力が強まり、能力主義への傾斜を強めた。一九六三年の経済審議会の答申「経済発展における人的能力開発の課題と対策」は、文部省に対して、理数教育の強化、能力主義の徹底、道徳教育の充実などを率直に（つまり露骨に）要請した。それを受けて一九六八年には学習指導要領の改訂がおこなわれ、教科書は一気に分厚くなった。小学校一年生からの「集合」の導入に象徴されるように学習内容がふえたり、せっかちに低学年へ繰り上げられたりした。その結果はすぐに現れ、「落ちこぼれ」をはじめ、さまざまな教育病理現象が噴出したのである。

(2)　総合学習も有名無実化

これに対する文部省の対応は早かった。一九七八年の学習指導要領の改訂では、「教育内容の精選」がおこなわれ、教科書は薄く、かつカラフルになった。「ゆとりの時間」が導入され、学校現場の裁量が認められた。その後の二度の改訂は同じ方向で少しずつ進み、週五日制が導入され、二〇〇二年からは「総合的な学習」が始まった。

こうした動きはおおむね妥当なものであり、こうした時代の変化の中で、きのくに子どもの村学園も

誕生したのである。しかし、文部省のこの方針には致命的な欠陥があった。子どもたちの学校での学習の質がほとんど変わらなかったのだ。確かに「総合的な学習」は質的に新しいタイプの学習ではあるが、一週間にたった三時限に過ぎず、ほかの教科を統合するものではなくて、むしろ端っこに遠慮がちに存在するに過ぎなかった。しかも学校現場では他教科の穴埋めに使われたりして、本来の「良さ」を発揮できないことが多かった。それだけではない。文部省の中でこの動きを推進する中心人物であった寺脇研氏でさえ、従来の教科が主食で、「総合的な学習」は「副食」だと説明していたのだ。教育現場の不慣れや抵抗を考慮しての発言かもしれないが、総合学習や体験学習の可能性を正しくとらえていたとはとても思えない。教育の質を変えないで量だけを減らしたり、高学年へ繰り延べたりすれば、当然のことながら、ある年齢段階での従来型の学力は落ちているように見えるであろう。学力低下論者に付け入る隙を与えてしまったのだ。

学力にかんして見過ごすことのできないもうひとつの問題がある。それは学力の二極化現象である。東京大学の苅谷剛彦氏らの研究によると、いわゆる「できる子」と「できない子」の格差がひろがりつつあるという。しかもこの格差は社会全体にひろがってきた経済格差、つまり家庭の収入や生活状態を反映しているらしい。この経済格差は小泉内閣の弱い者いじめの政策によって急速に拡大したといわれている。ここに現れた学力問題は、いわゆる「ゆとり教育」の直接の結果とはいえない。「ゆとり教育憎し」で凝り固まっている人たちの扇動に乗ってはいけないのだ。また、けっして現場教師の怠慢や無能力のせいにしてはならない。

ここ数年の日本における「教師バッシング」は目に余るものがある。教師たちは、みな過酷な条件の下で良心的に仕事をしている。なにしろ忙しい。特に小学校では一クラス四〇人もの子どもを抱え、全教科の授業をおこない、山ほどの書類に追われ、モンスター・ペアレントの相手もしなくてはいけない。それでも自分自身で授業の中身と方法を決める裁量が許されていればまだ耐えられるだろう。実際は、決められた教材を、決められた方法と決められたペースで教えるように求められている。自由裁量の余地はほとんどないに等しい。それでも多くの教師が、誠実に子どもたちのためにがんばっているのだ。教師を責め立てて無能呼ばわりする前に、時間の余裕と、若干の研修費と、そして何よりも自由を教師に認めなくてはならない。

4 卒業生たちは語る

前にものべたように、一九九二年にきのくに子どもの村学園が産声を上げた時、私たちは学校教育の改革に一石を投じたいと願った。ただたんに楽しい学校や変わった学校をつくろうとしたのではない。それまでとは違ったやり方が可能であり、そのほうが楽しくてしかも成果が上がるのだと発信したいと思ったのだ。一七年後の今日、ニイルのように高らかに宣言するのはためらわれる。しかし、それなりに成果は上がったし、世の中への発信にもかなりの反応があったといえるだろう。私たちは、控えめにこんなふうにいうことにしよう。

「きのくに子どもの村学園は、小さな実験学校としてスタートした。今日でも実験学校である。しかし、子どもの自発性と個性と体験学習を基本方針とする学校は、すごく楽しい。そして機嫌がよくて元気でたくましい子どもが育っている。そして、こういう学校のよさに気づいてくれる人の数は確実にふえている。」

最後に、卒業生の様子についても付け加えておこう。

学園への見学者からの質問でもっとも多いのは、今も一七年前も同じだ。学力と進路の問題である。プロジェクト中心の学校の子どもたちは生き生きしていて気持ちがよい。いかにも楽しそうだ。しかし、学力は大丈夫ですか、高校への進学で不利になりませんか、というのだ。

私は、「たぶん大丈夫だと思います」とこたえる。十分に説得力のある客観的な数字はない。そこでたいていは実用英語検定の成績を紹介する。一般に「英検」と呼ばれているものだ。英検の成績は一〇年前（二二九ページ）よりもずっとよくなっている。二〇〇八年三月の中学校の卒業生は二四人である。そのうち準2級の合格者が九人、3級は八人である。まったく受験しなかったのは一人だが、この子は英語が苦手というわけではない。私たちは英検のための特別な訓練をするわけでもないし、ましてや受験を強くすすめることもしない。にもかかわらず、それぞれが興味を持って挑戦し、気がついてみたらクラス全体の七割から八割が準2級や3級に合格というのが、このところ続いている傾向だ。もうこれでいいというわけではないが、十分に満足できる数字だと思っている。

急いで付け加えると、中学生は全員が小学校から上がってくる。入学試験や編入試験を受けて入ってきた特別な子どもたちではない。世間でいう「できる子」ではなくて、ごく普通の子どもたちだ。

見学者の多くは英検の話を聞くと、だいたい納得した顔をしてくれる。しかし中には食い下がってくる人もある。

「英語はともかく、高校に入ってからほかの教科の学習で困ることはありませんか。」

卒業生に聞いてみると、困ることもあるらしい。もっとも教科の学習よりも人間関係で戸惑う子が多いようだ。戸惑いの原因は、ひとことでいえば「進学先の同級生が幼い」ということにつきる。自分で考えたり、一人で行動したりできない子が多いというのだ。卒業生五人のうち四人までがそのように感じている。トイレへ行く時でさえ「ねえ、トイレへ行かない?」と誘われてびっくりするらしい。

「先生が生徒を子ども扱いする。わかりきったことでも、繰り返し何度でも注意するのでイヤになる。」

これは大阪府でいちばん偏差値の高い公立高校に進んだ子のことばである。

でも、この見学者が知りたいのは高校での人間関係ではない。「学力」だ。もちろん説得力のある具体的な資料はない。断片的なものばかりである。ひとつだけ紹介すると、二〇〇七年に卒業して普通の公立や私立の高校に進んだ子は、きのくにとかつやまを合わせて二〇名あまりだが、通知票に記載された成績が1、2番という子が少なくとも四人いる。そのうちの一人は、「えっ、私って、デキル子なんだ!」と驚いている。二〇〇八年のかつやま卒業生で、学期末に席次が通知表についてくる高校に進んだ子の成績は、平均すると二三八人中、二八番である。

もちろん、きのくに子どもの村学園の子だから普通の高校でも成績がよい、などというつもりはない。しかし、きのくに子どもの村学園の子でも負けてはいない、というくらいはいってもよいだろう。

中学の卒業生の三分の一はきのくに国際高等専修学校に進む。公立高校もそれくらいで、残りは私立高校（高等専修学校を含む）や海外留学などである。彼らの半分以上は大学に進学する。おもしろいのは彼らの専攻分野だ。大学で選ぶ学部や学科が、小学校や中学校で選んだプロジェクトのテーマからつながっているケースがけっこう多いのである。例を挙げると……、

◇小学校で「工務店」と「ファーム」→中学校で「動植物研究所」→造園科のある高校→東京農業大学（イングリッシュ・ガーデンを専攻）

◇小学校で「工務店」、中学校で「電子工作所」→高校は機械科→大学は自動車工学

◇中学校で知能テストなどに興味→単位制高校→大学で臨床心理学→大学院で教育学

そのほかに卒業生が大学などで学ぶ分野としてわりあい多いのは、教育学・心理学、福祉、環境問題などである。しかし、まだきちんと調査したわけではない。

卒業生については、中学生の「わらじ組」の谷幸穂と深尾明加の二人が中心になって追跡調査をしたことがある。その一部を紹介しよう。

1　「きのくには楽しかったですか」

楽しかった・・・八三％

どちらかというと楽しかった・・・一五％

その他・・・二％（「楽しくなかった」はゼロ）

2　「プロジェクトは好きでしたか」

好きだった・・・七四％

どちらかというと好きだった・・・一八％

その他・・・八％

3 「寮に入ってよかったと思いますか」

よかったと思う・・・八五％

どちらかというとよかったと思う・・・八％

その他・・・七％

4 「きのくにでどんな力がついたと思いますか」

行動する力（九一％）

自分の意見を持つ力（八九％）

考える力（八八％）

意見を聞く力（八八％）

自分の意見を主張する力（七五％）

5 おわりに ——二一世紀を生きる子どもたちに

きのくにの中学校の卒業生たちの自己評価は、かつて私がサマーヒルの卒業生を対象にしておこなった調査の結果ととてもよく似ている（堀真一郎『ニイルと自由な子どもたち』黎明書房）。自分自身の目でものごとをしっかり見すえ、自分の頭で考え、そして他と共に生きる態度と能力……これらは、これからのむずかしい時代を生きる子どもたちにとって何より大切な力である。

この前の「卒業を祝う会」で、私は卒業生にこんなことばをおくった。

「いまから一〇〇年あまり前、アメリカのシカゴ大学の教授でジョン・デューイという人がいました。有名な実験学校を開いた人で、先生の話や教科書で勉強するのではなくて、実際に物をつくったり育てたりして学習しようといい出した。この人の考え方が、子どもの村のプロジェクトのもとになっているわけだ。このデューイ先生が、一〇〇年前、こんなことを書いている。

これから始まる二〇世紀は、いままでは見当もつかない時代だ。大きな変化が待っている。むずかしい時代だ。何が起きるかわからない。だから、自分の頭でしっかり考えて行動する人にならないといけない。

じっさい二〇世紀は「戦争の世紀」と呼ばれているよね。デューイのいったとおり、大変な時代になったわけだ。でも、それから一〇〇年、いま世界はもっと大変な時代になっているよ。たとえば石油はあと四〇年するとつかい果たしてしまう。みんなが五〇歳を過ぎる頃には、石油がほとんどなくなるわけだ。するとどういうことが起きるだろう？　きっと少ない石油や天然ガスをめぐって争いが起きる。世界中が戦争に巻き込まれるかもしれない。核戦争が起きて、みんなは人類の終わりを目撃することにならないともかぎらない。

みんなの生きている二一世紀は、デューイ先生の心配した二〇世紀よりももっと大変な時代かもしれない。だからこそ、自分自身を大切にして、自分の頭で考え、積極的に行動し、そしてほかの人たちと触れ合って楽しく生きてほしい。」

あとがき　――その後の経過

きのくに子どもの村は六年目の春を迎え、一三五人の子どもと三三人の大人が元気に毎日を過ごしている。三三人の大人のうち、常勤は二六人だ。新一年生もそれぞれのクラスに溶け込み、年長の子に交じってプロジェクト活動などにも積極的に参加している。寮でのホームシックもほぼ治まったようだ。六年生たちはいつの間にか集まって修学旅行の計画を立てていたらしい。自分たちで行き先を九州に決めてしまってから、「引率の大人を早めに決定してください」といってきた。ますます頼もしい。

時間割や学習活動には大きな変化はない。一つだけ変わったのは、中学校のクラスが電子工作所、旅行社、出版社、わらじ組の四つから、電子工作所、動植物研究所、わらじ組の三つに減ったことだ。わらじ組は相変わらず通常の担任がいない。ほかの二つは、小学校と同じように二人担任制になっている。動植物研究所は、結婚したばかりの鈴木さんたち(旧姓水上陽子さんと慶太君)が二人で引き受けている。

中学校一期生の進路の内訳は次の通りだ。

ニュージーランドの高校へ留学（一名）　私立高等学校（二名）
高等専修学校（三校、五名）　公立高等学校（四名）
声優養成学校（一名）

いちばん多い五人の子が進んだ高等専修学校は、いずれも国際化教育を謳って実績をあげている学校である。一期生たちは、それぞれに自分で調べたり、体験授業に参加したりして自分の進路を決めた。ずいぶん悩んだ子もいる。教師が受験学力の偏差値によって振り分けるのではなく、子ども自身が行き先を選んで決めたこと、したがってそれが多岐にわたっていること。これが最初の卒業生たちの特徴だ。私たちは、この結果におおむね満足している。ただ、ある子の話では、進学先のクラスメートを見ると「なんだかふわふわしていて、幼い感じがする」のだそうだ。サマーヒルの卒業生の多くも同じような感想を述べている。

福井県での併設校の話も進んでいて、許可申請に向けての本格的な準備が始まっている。勝山市当局も地元の人たちも歓迎の意向を示してくださっている。高等専修学校の方は、三月末に和歌山県知事に認可申請が出され、私立学校審議会で「許可を前提とした校舎等の建築開始と生徒募集」が認められた。すでに造成工事が始まっている。小学校の開校以来、ずっと保護者会の役員として学園を支え続けていただいている今城さんから、先日、次のようなお手紙が届いた。

「息子がきのくに子どもの村学園にお世話になって、私どもの人生観が変わりました。〝真の自由とは？〟〝個性とは？〟〝大人の人間とは？〟……子どもたちを通しての『きのくに』からの問いかけは、私たちの日々の暮らしに刺激を与えてくれました。高等部が設立されると、またどんな発信があるのかと楽しみです。小・中等部と同じように、〝ほかにない〟国際高等専修学校を期待しています。」

〈増補版への追記〉

キルクハニティは二〇〇九年四月一日にスコットランド政府から私立学校として認可された。かつての職員や保護者、そして卒業生が駆けつけて、再会を祝った。

また、南アルプス子どもの村小学校の開校準備は順調に進んで、六月二九日の山梨県私立学校審議会で正式に承認され、七月一日付で無事に認可された。どちらも、おおわらわで準備作業が進んでいる。

新装版へのあとがき

学校でいちばん楽しいこと
（2016年，きのくに子どもの村小学校4～6年生）

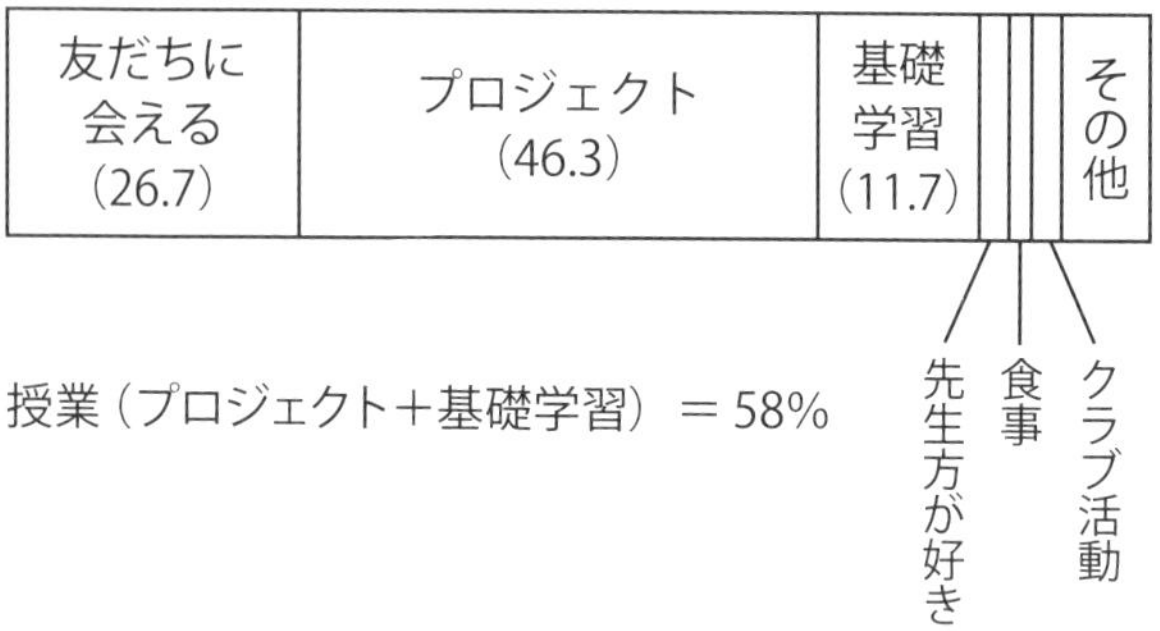

ふたたび学校で何がいちばん楽しいか

二〇一六年秋、学園創立二五周年にあたって、冒頭で紹介した調査と同じ質問を学園の小学生たちにしてみました。学校でいちばん楽しいのは学習、つまり「プロジェクト」と「基礎学習」と答えた子は、合わせて五八パーセントでした。これで満足するわけではありませんが、ひとまずホッとしました。

　ところで、私たちの体験学習中心のやり方に疑問を持つ人は跡を絶ちません。「学力は大丈夫か」「高校への進学は？」「文科省からクレームは来ないの？」などという質問が見学者から頻繁に出されます。そこで数年前に四年つづけて、学園の中学卒業生の進学先の高校での成績を調べたことがあります。私たちは入学試験も校内テストもせず、宿題も出さず、しかも中学生には「受験指導はしない」と宣言しているのですが、調査の結果は信じられないような好成績でした。進学先の期末テストや中間テストなどでの学年での順位を集計すると、一学年の生徒数の平均が二三三人で、わが卒業生の順位の平均は、なんと二三番だったのです。世間の人が気にする意味での学力の面でも心配することはありません。

もう一つ大事なことがあります。一九九二年に最初の子どもの村が産声を上げてから三〇年近くになりますが、私たちの学園では、福井県勝山市、山梨県南アルプス市、そして北九州市に小学校と中学校ができて、和歌山の高等専修学校を加えると計九校になっています。二〇一九年の春には長崎県の東彼杵町《ひがしそのぎちょう》にも小学校が誕生するので、とうとう一〇校になります。それだけではありません。もう一つの子どもの村を誘致したいとか、学校をつくりたいので具体的な相談を、といった声が日本中のあちこちから聞こえてきます。私たち自身にはこれ以上はもう無理ですが、子どもの村の投じた一石が少しずつ波紋を広げているのを実感しています。

学校法人きのくに子どもの村学園のあゆみ

1984年9月　「新しい学校をつくる会」発足。会員6名。
　1．サマーヒルをモデルにした自由な学校
　2．学校法人の認可を得た正規の私立小学校
　3．体験学習中心
　4．寮のある学校。通学，週末帰宅，長期滞在の子ども
　5．原則として同一基本給
　6．大阪の中心部から2時間以内，緑ゆたかな地。

1985年7月　「きのくに子どもの村山の家」を開設。（橋本市清水西畑，所有者：木下善之氏）

12月　山の家合宿はじまる。（4泊5日，山の家，子ども15名）

1987年3月　橋本市立彦谷小学校が休校に入る。つくる会が市に対して施設の譲渡または貸与を申し入れ。彦谷区も住民全員が署名して市に要望書を提出。不調に終わる。

1988年6月　彦谷区が橋本市に学校施設の「有効活用」を請願。不調に終わる。自己所有の校地校舎による学校開設に方針を転換する。

7月　彦谷に「村の家」を開設。サマースクールはじまる。（2週間）

10月　キルクハニティのジョン校長夫妻，初の来日。（各地で講演）

1990年4月　学校用地（2筆）を取得。

（彦谷地区，約5000㎡）

7月　ミキハウス木村社長より資金と人材面の支援のお約束をいただく。

12月　和歌山県知事に学校創設基本計画書を提出。

1991年4月　和歌山県知事に学校法人，小学校設置，設立準備財団の認可を申請。

6月　校舎などの建築と児童募集が始まる。

1992年3月　和歌山県知事から学校法人と小学校が認可される。（31日）

4月　**きのくに子どもの村学園小学校**が開校。（定員90名，理事長：喜田周一，学園長：堀真一郎，校長：松戸淳）

1993年4月　中学校の設置認可を申請。

1994年4月　**きのくに子どもの村中学校**が開校。（定員45名）
小学校名を「きのくに子どもの村小学校」に変更。
キルクハニティのジョン校長夫妻が2度目の来日。
「新しい学校をつくる会」が解散。

1995年7月　堀真一郎『きのくに子どもの村―私たちの小学校づくり』（ブロンズ新社）

10月　中学校が初の海外修学旅行。（イギリス，7泊8日）

1997年4月　和歌山県知事にきのくに国際高等専修学校の認可を申請。

6月　福井県知事にかつやま子どもの村小学校の認可を申請。

7月　堀真一郎『自由学校の設計』（黎明書房）

1998年4月　**きのくに国際高等専修学校**が開校。（定員45名，校長：桜井和之）

かつやま子どもの村小学校が開校。（福井県勝山市，定員48名）。自己所有の施設を持たない日本初の私立小学校。

1999年5月　サマーヒルスクール支援活動。（寄付金募集）

7月　高等専修学校が初の海外研修。（キルクハニティ，ほかに韓国など）

10月　サマーヒルのゾーイ夫妻，初の学園来訪。大阪と東京で講演。

2001年4月　**かつやま子どもの村中学校**が開校。（定員30名）

4月～　学園創立10周年記念事業。（シンポジウム，10周年広場とキルクハニティの取得など）

キルクハニティ子どもの村（スコットランド）
Kilquhanity Children's Village (Scotland)

2002年7月　**キルクハニティ子どもの村**オープン。改修工事へ。

2006年4月　公益法人「キルクハニティ子どもの村トラスト」認可される。

2008年4月　山梨県知事に南アルプス子どもの村小学校の認可を申請。

2009年4月　**北九州子どもの村小学校**（旧ひらおだい四季の丘小学校）の経営を引き継ぐ。（北九州小倉南区平尾台，理事長：堀

真一郎，校長：丸山裕子）

10 月　**南アルプス子どもの村小学校**が開校。（南アルプス市徳永，定員 120 名）

12 月　中学生の書いた本『山の村から世界が見える』（黎明書房）

2010 年 4 月　福岡県知事に北九州子どもの村中学校の認可を申請。

10 月　山梨県知事に南アルプス子どもの村中学校の認可を申請。

2011 年 4 月　**北九州子どもの村中学校**が開校。（北九州市小倉南区，定員 45 名）

4 月〜　学園創立 20 周年事業。
（シンポジウム，記念出版，ホール新設など）

2012 年 4 月　**南アルプス子どもの村中学校**が開校。（定員 60 名）
きのくに 20 周年ホール完成。
キングズミューア小学校施設。（スコットランド，フォーファーを取得）

2013 年 7 月　堀真一郎『きのくに子どもの村の教育』（黎明書房）

9 月　北九州に寮 2 棟新築。

2014 年 4 月　南アルプスに体育館を新築。（県より多額の補助あり）

10 月　『中学生の書いた消えた村の記憶と記録』（黎明書房）

2017 年11月　長崎県知事に，ながさき東そのぎ子どもの村小学校の認可を申請。

2018 年 9 月　『増補・中学生の書いた消えた村の記憶と記録』（黎明書房）

11 月　長崎県知事に，ながさき東そのぎ子どもの村中学校の認可を申請。

12 月　かつやま子どもの村に 20 周年ホール完成。

2019 年 1 月　『新装版　増補・自由学校の設計』（黎明書房）（本書）

4 月　**ながさき東そのぎ子どもの村小学校**開校。（予定，定員 72 名）

著者紹介

堀　真一郎

1943年（昭和18年）福井県勝山市に生まれる。66年，京都大学教育学部卒業，69年，同大学大学院博士課程を中退して大阪市立大学助手。90年，同教授（教育学）。大阪市立大学学術博士。ニイル研究会および新しい学校をつくる会の代表をつとめ，92年４月，和歌山県橋本市に学校法人きのくに子どもの村学園を設立。94年に大阪市立大学を退職して，同学園の学園長に専念し現在に至る。

主な著書と訳書

『自由教育の名言に学ぶ―子どもは一瞬一瞬を生きている』（黎明書房，2023）
『ごうじょう者のしんちゃん』（黎明書房，2020）
『ニイルと自由な子どもたち――サマーヒルの理論と実際』（黎明書房，1984）
『きのくに子どもの村――私たちの小学校づくり』（ブロンズ新社，1994）
『新装版 きのくに子どもの村の教育――体験学習中心の自由学校の20年』（黎明書房，2022）
『自由学校の子どもたち――きのくに子どもの村のおもしろい人々』（黎明書房，1998）
『自由を子どもに――ニイルの思想と実践に学ぶ』（編著，文化書房博文社，1985）
『世界の自由学校』（編著，麦秋社，1985）
A. S. ニイル『新訳ニイルのおバカさん――A. S. ニイル自伝』（黎明書房，2020）
A. S. ニイル『新版ニイル選集・全５巻』（黎明書房，2009）
J. アルヴァン『自閉症児のための音楽療法』（共訳，音楽之友社，1982）ほか

連絡先　〒648-0035　和歌山県橋本市彦谷51番地　きのくに子どもの村学園
☎0736-33-3370　Email：info @ kinokuni.ac.jp

新装版《しんそうばん》　増補《ぞうほ》・自由学校《じゆうがっこう》の設計《せっけい》

2019年１月10日　初版発行
2023年11月25日　３刷発行

著　者　堀《ほり》　真《しん》一《いち》郎《ろう》
発行者　武馬久仁裕
印　刷　藤原印刷株式会社
製　本　協栄製本工業株式会社

発行所　株式会社　黎《れい》明《めい》書《しょ》房《ぼう》

〒460-0002 名古屋市中区丸の内3-6-27　EBS ビル
☎052-962-3045　FAX052-951-9065　振替・00880-1-59001
〒101-0047 東京連絡所・千代田区内神田1-12-12 美土代ビル6階
☎03-3268-3470

落丁本・乱丁本はお取替します。
ISBN978-4-654-02311-0